?! 歴史漫画《れきしまんが》 タイムワープ シリーズ 通史編《つうしへん》 10

江戸《えど》の町《まち》へタイムワープ

マンガ：大富寺《おおふじ》 航《わたる》／ストーリー：チーム・ガリレオ／監修《かんしゅう》：河合《かわい》 敦《あつし》

はじめに

江戸時代《えどじだい》は平和《へいわ》な世《よ》の中《なか》が続《つづ》き、庶民《しょみん》が経済力《けいざいりょく》をつけたことで、初《はじ》めて町人中心《ちょうにんちゅうしん》の文化《ぶんか》が生《う》まれました。今回《こんかい》のマンガは、江戸時代《えどじだい》の文化《ぶんか》や庶民《しょみん》の暮《く》らしがテーマです。

江戸時代《えどじだい》の文化《ぶんか》について、学校《がっこう》の授業《じゅぎょう》では、江戸時代初期《えどじだいしょき》に生《う》まれた歌舞伎《かぶき》や、当時《とうじ》の世《よ》の中《なか》や人々《ひとびと》を描《えが》いた浮世絵《うきよえ》が人気《にんき》になったこと、蘭学《らんがく》や国学《こくがく》といった新《あたら》しい学問《がくもん》が広《ひろ》まったことなどについて学習《がくしゅう》します。

マンガでは、時空泥棒《じくうどろぼう》ゴエモンと時空警察《じくうけいさつ》の争《あらそ》いに巻《ま》き込《こ》まれて江戸《えど》時代《じだい》にタイムワープしたリンとトキオのふたりが、江戸《えど》の町《まち》に暮《く》らす人々《ひとびと》と触《ふ》れ合《あ》いながら、ゴエモンを捕《つか》まえるために大騒動《おおそうどう》を起《お》こします。リンやトキオと一緒《いっしょ》に、江戸時代《えどじだい》の人々《ひとびと》の文化《ぶんか》を知《し》る旅《たび》に出《で》ましょう！

監修者《かんしゅうしゃ》　河合《かわい》　敦《あつし》

今回《こんかい》のタイムワープの舞台《ぶたい》は…？

4万年前《まんねんまえ》
2万年前《まんねんまえ》
1万年前《まんねんまえ》
2000年前《ねんまえ》
1500年前《ねんまえ》
1400年前《ねんまえ》
1300年前《ねんまえ》
1200年前《ねんまえ》
1100年前《ねんまえ》
1000年前《ねんまえ》
900年前《ねんまえ》
800年前《ねんまえ》
700年前《ねんまえ》
600年前《ねんまえ》
500年前《ねんまえ》
400年前《ねんまえ》
300年前《ねんまえ》
200年前《ねんまえ》
100年前《ねんまえ》
50年前《ねんまえ》
先史時代《せんしじだい》
古代《こだい》
中世《ちゅうせい》
近世《きんせい》
近代《きんだい》
現代《げんだい》
旧石器時代《きゅうせっきじだい》
縄文時代《じょうもんじだい》
弥生時代《やよいじだい》
古墳時代《こふんじだい》／飛鳥時代《あすかじだい》
奈良時代《ならじだい》
平安時代《へいあんじだい》
鎌倉時代《かまくらじだい》
室町時代《むろまちじだい》
安土桃山時代《あづちももやまじだい》
江戸時代《えどじだい》
明治時代《めいじじだい》
大正時代《たいしょうじだい》
昭和時代《しょうわじだい》
平成時代《へいせいじだい》
令和時代《れいわじだい》
ココ!!
日本人《にほんじん》の祖先《そせん》が住《す》み着《つ》く
土器《どき》を作《つく》り始《はじ》める
貝塚《かいづか》が作《つく》られる
米作《こめづく》りが伝《つた》わる
大和朝廷《やまとちょうてい》が生《う》まれる
平城京《へいじょうきょう》が都《みやこ》になる
平安京《へいあんきょう》が都《みやこ》になる
モンゴル（元《げん》）軍《ぐん》が2度《ど》攻《せ》めてくる
室町幕府《むろまちばくふ》が開《ひら》かれる
金閣《きんかく》や銀閣《ぎんかく》がつくられる
江戸幕府《えどばくふ》が開《ひら》かれる
明治維新《めいじいしん》
大正《たいしょう》デモクラシー
太平洋戦争《たいへいようせんそう》
高度経済成長《こうどけいざいせいちょう》
米作《こめづく》りが広《ひろ》まる
巨大《きょだい》なお墓《はか》（古墳《こふん》）がつくられる
奈良《なら》の大仏《だいぶつ》がつくられる
華《はな》やかな貴族《きぞく》の時代《じだい》
鎌倉幕府《かまくらばくふ》が開《ひら》かれる（武士《ぶし》の時代《じだい》の始《はじ》まり）
戦国時代《せんごくじだい》
町人文化《ちょうにんぶんか》が盛《さか》んになる
文明開化《ぶんめいかいか》
現代《げんだい》

もくじ

歴史《れきし》なるほどメモ

教《おし》えて!! 河合先生《かわいせんせい》 江戸《えど》の町《まち》 おまけ話《ばなし》

登《とう》場《じょう》人《じん》物《ぶつ》

リン

トキオとは幼《おさな》なじみ。
思《おも》い立《た》ったらすぐ行動《こうどう》する
とても積極的《せっきょくてき》な女《おんな》の子《こ》。
みんなを引《ひ》っぱっていくタイプ。

トキオ

特技《とくぎ》は絵《え》を描《か》くこと。
ちょっとおとなしい男《おとこ》の子《こ》。
自分《じぶん》の興味《きょうみ》のあることにだけは
積極的《せっきょくてき》になれるオタクタイプ。

ハヤタ

ゴエモンを
追《お》っている
時空警察官《じくうけいさつかん》。

葛飾北斎《かつしかほくさい》

見《み》た目《め》はへんだが
トキオが憧《あこが》れる天才絵師《てんさいえし》。
作品《さくひん》が、ゴエモンのターゲットに
されて……。

杉田玄白《すぎたげんぱく》

江戸《えど》の町《まち》で
リンとトキオ、ハヤタを
助《たす》ける。
じつはとても有名《ゆうめい》な医者《いしゃ》。

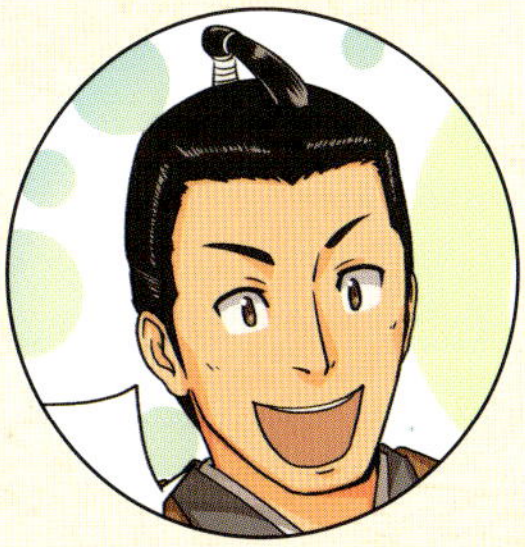

平賀源内《ひらがげんない》

発明家《はつめいか》で科学者《かがくしゃ》で
江戸《えど》の町《まち》の大天才《だいてんさい》だというが
なんか軽《かる》いノリ。

ゴエモン

時空《じくう》を超《こ》えて
名画《めいが》を盗《ぬす》んでまわる、
自称《じしょう》、大泥棒《おおどろぼう》。
北斎《ほくさい》の絵《え》に狙《ねら》いをさだめる。

1章《しょう》
名画《めいが》を盗《ぬす》む大泥棒《おおどろぼう》!?

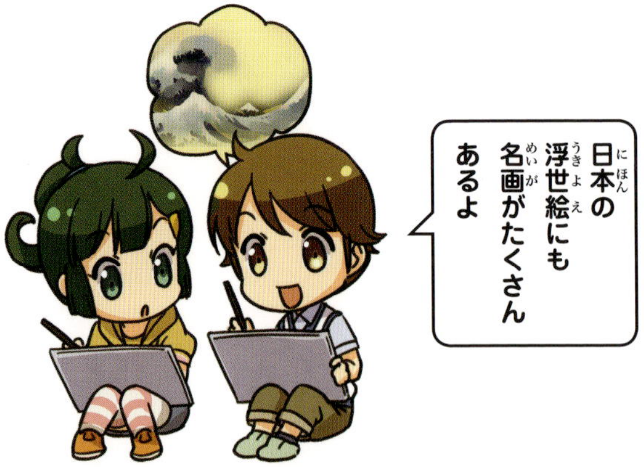
日本《にほん》の浮世絵《うきよえ》にも名画《めいが》がたくさんあるよ

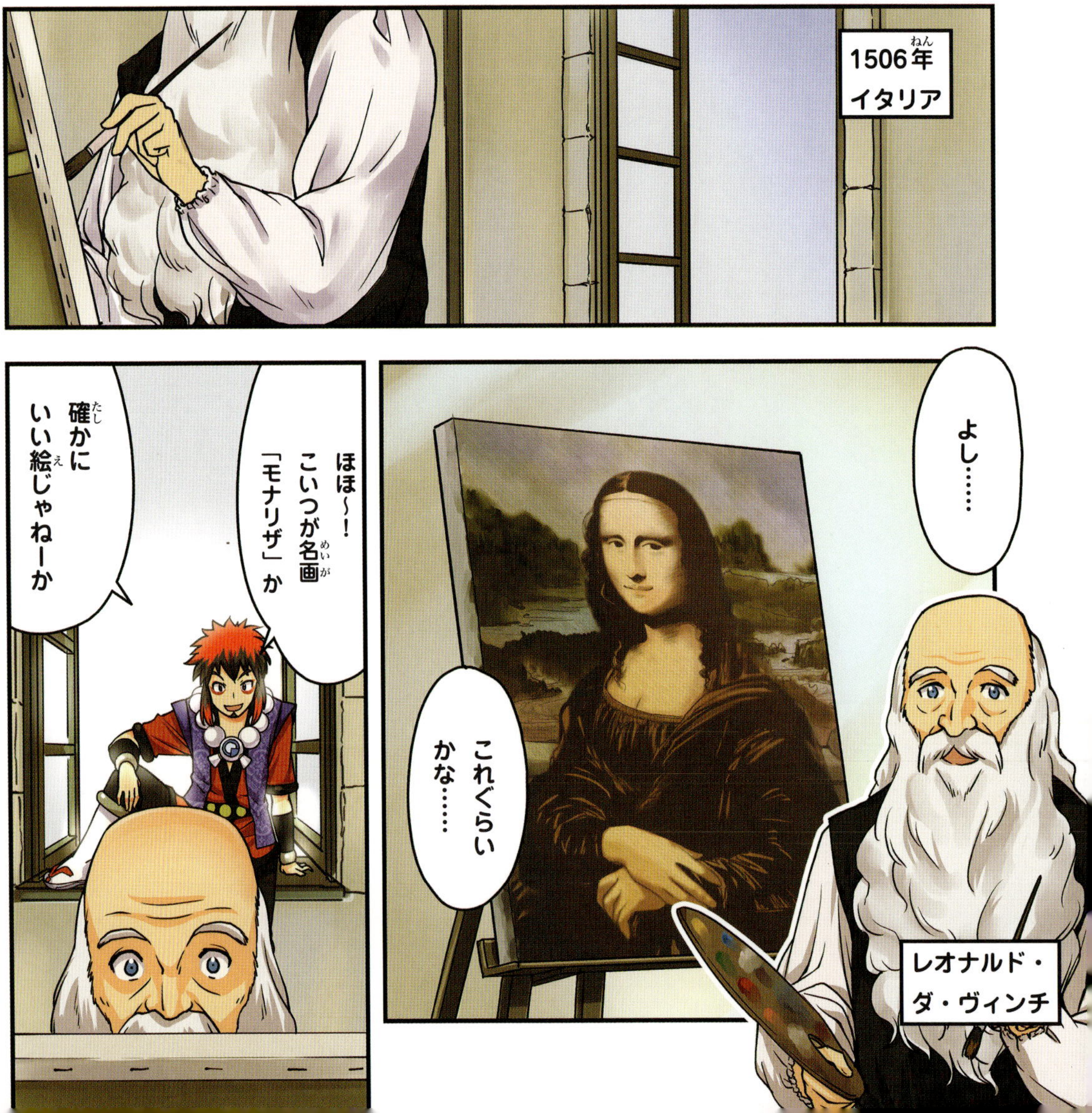
1506年《ねん》
イタリア
よし……
これぐらいかな……
レオナルド・ダ・ヴィンチ
ほほ〜! こいつが名画《めいが》「モナリザ」か
確《たし》かにいい絵《え》じゃねーか

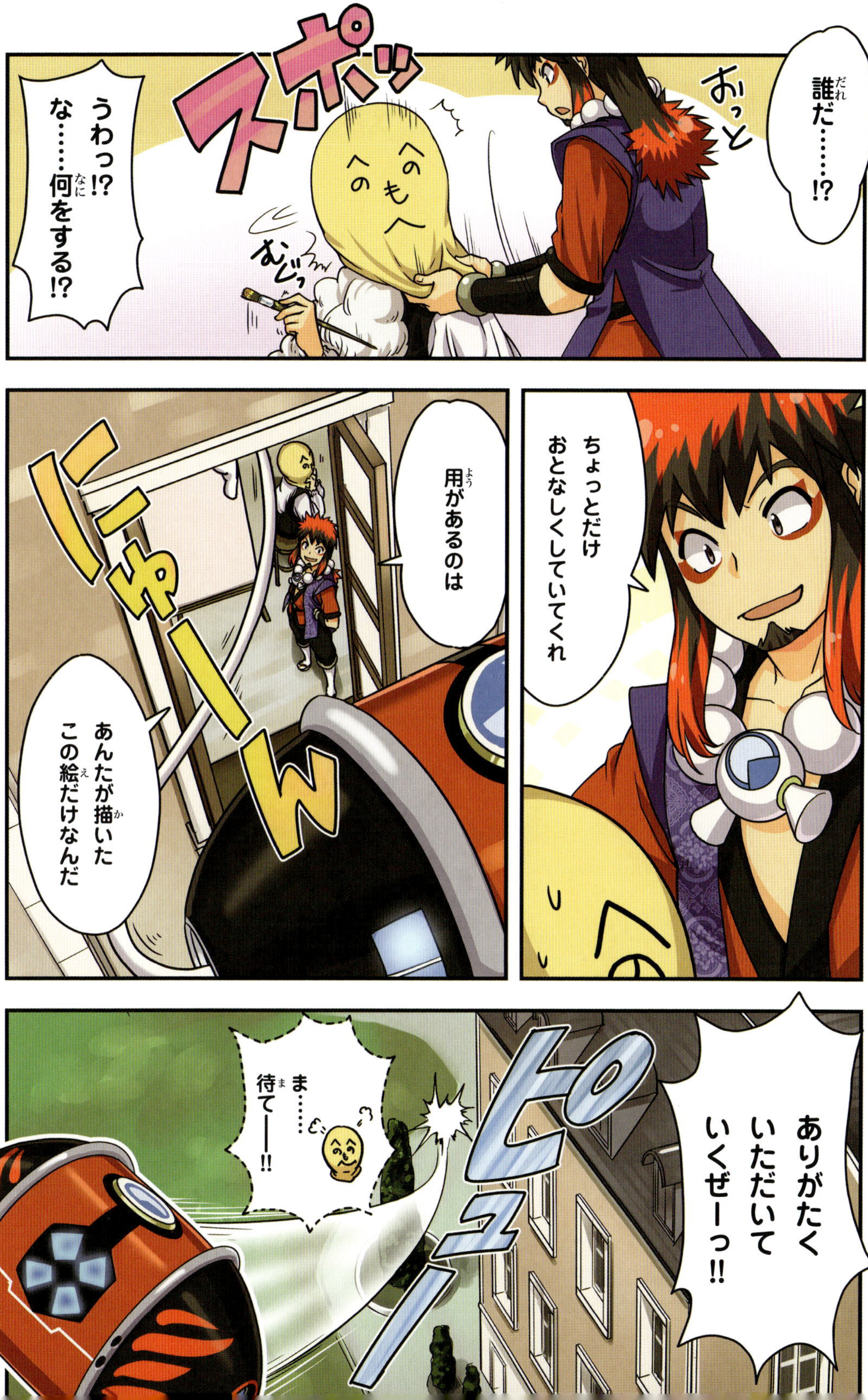
誰《だれ》だ……!?
おっと
スポッ
むぐっ
うわっ!?
な……何《なに》をする!?
ちょっとだけ
おとなしくしていてくれ
用《よう》があるのは
あんたが描《か》いた
この絵《え》だけなんだ
にゅーーん
ありがたく
いただいて
いくぜーっ!!
ヒューー
ま……
待《ま》てーー!!

ギュ―ン
うっひょー こいつは すっげえ!!
こんなに いい値《ね》がつくとは 驚《おど》きだ!!
あん?
オレが 誰《だれ》かって?
名画リスト
970,008,000yen
5,800,000,000yen
1,800,000,000yen
聞《き》いて おどろけ 見《み》て とどろけ
ゴエモン
人《ひと》呼《よ》んで 天下《てんか》の大泥棒《おおどろぼう》
時空《じくう》を飛《と》んで 名画《めいが》を盗《ぬす》む
ゴエモン様《さま》よぉ!!
ばん!

なんだ？
サインほしいって？
ピコーン
しょうがねえ……
ばっ
って またな！
オレ様《さま》は
忙《いそが》しいんだ
ポイッ
おお 次《つぎ》の目標《もくひょう》か
どれどれ……
おいおい
こいつも
すげーじゃねえか！
葛飾 北斎
かつしか ほくさい
5,931,000,000yen
よし 決《き》めたっ！
次《つぎ》の行《い》き先《さき》は 日本《にほん》の～
江戸時代《えどじだい》
ゴゴゴン
なんだ？
この振動《しんどう》は……
エネルギー波
エネルギーハセッキンチュウ
接近中
はっは～！
毎度毎度《まいどまいど》
こりないねえ

待《ま》ちなさーい!!
ゴエモン!!
キイーン
今日《きょう》という今日《きょう》は
絶対《ぜったい》逃《に》がしません!!
時空警察《じくうけいさつ》さんの
おでましかい!
時空警察《じくうけいさつ》
ハヤタ
本部《ほんぶ》 応答《おうとう》願《ねが》います
こちらハヤタ
1506年《ねん》
イタリアで
ゴエモン発見《はっけん》!
追撃許可《ついげききょか》
願《ねが》います
許可《きょか》する
ただし名画《めいが》には
気《き》をつけろよ
はい
わかってます
健闘《けんとう》を祈《いの》る!
総員《そういん》 撃《う》てーっ!
ヒュッ
ササッ
ビュッ

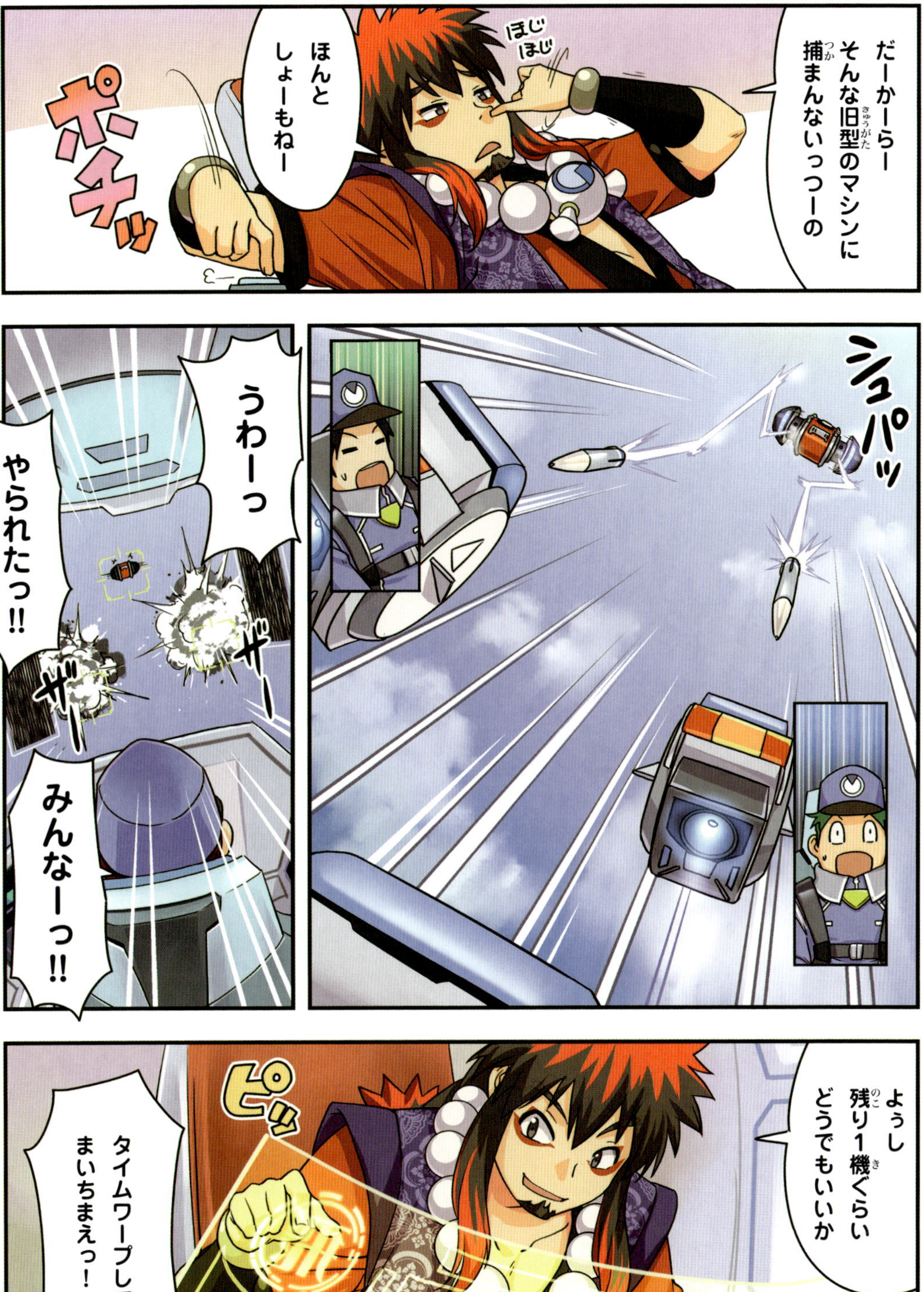

だーかーらー
そんな旧型《きゅうがた》のマシンに
捕《つか》まんないっつーの
ほじ ほじ
ほんと
しょーもねー
ポチッ
シュパッ
うわーっ
やられたっ!!
ザー
ザー
みんなーっ!!
ようし
残《のこ》り1機《き》ぐらい
どうでもいいか
ピッ
タイムワープして
まいちまえっ!

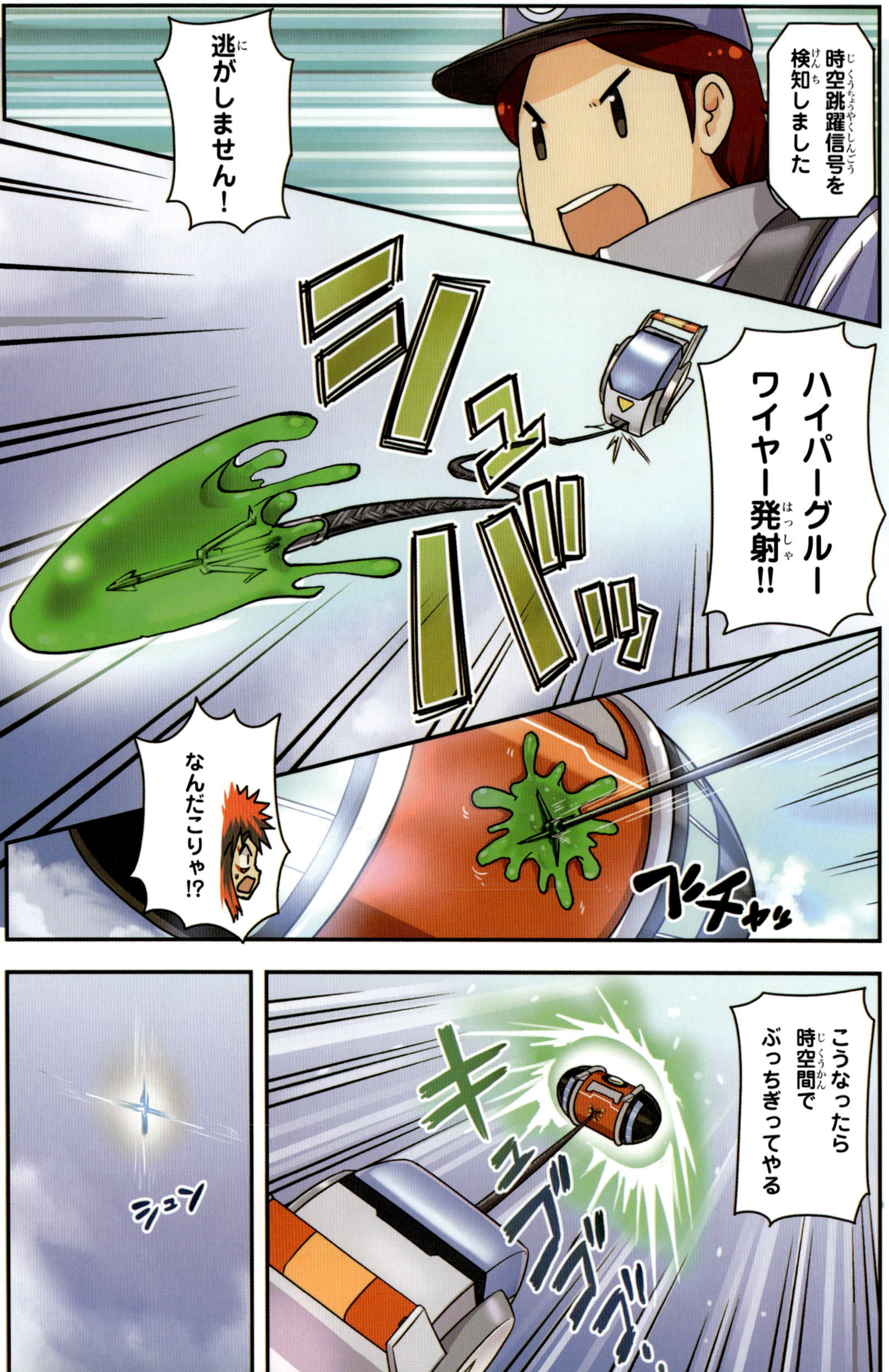
時空跳躍信号《じくうちょうやくしんごう》を検知《けんち》しました
逃《に》がしません！
シュバッ
ハイパーグルーワイヤー発射《はっしゃ》!!
ベチャッ
なんだこりゃ!?
こうなったら時空間《じくうかん》でぶっちぎってやる
キュゴゴゴ…
シュン

ちっ
離《はな》れねえかっ
しつけーヤローだな！
まだ逃《に》げる気《き》ですか？
次《つぎ》の攻撃《こうげき》に移《うつ》ります！
エレキショック
発射《はっしゃ》!!
ビビビビ
しびびび
ビー
ビー
システムエラー
あ？
なんだこれ?!
時空跳躍《じくうちょうやく》
緊急離脱《きんきゅうりだつ》します
おいおいっ
ちょっと待《ま》てって～！
ピコーン
ピコーン

現代《げんだい》の東京《とうきょう》
んー
トキオ
トキオ鉛筆《えんぴつ》見《み》て何《なに》やってんの？
風景《ふうけい》を描《か》くのよ今日《きょう》の授業《じゅぎょう》は
そのぐらい知《し》ってるよ！
こうやって建物《たてもの》とかの大《おお》きさを測《はか》ってるんだよ
へー
リン
絵《え》がうまい人《ひと》はいろんなこと知《し》ってんのね～
全然《ぜんぜん》まだまだだよ

もっともっと勉強《べんきょう》しないと
あこがれの人《ひと》に近《ちか》づけないし
へー そんな人《ひと》いたんだ? わたし 知《し》ってる人《ひと》?
もちろん有名人《ゆうめいじん》だよ
誰《だれ》? ねえ 誰《だれ》?
葛飾北斎《かつしかほくさい》!
誰《だれ》よ それ
えーーーっ! 世界《せかい》の有名《ゆうめい》な画家《がか》たちにも大《おお》きな影響《えいきょう》を与《あた》えた江戸時代《えどじだい》における浮世絵《うきよえ》の大家《たいか》だよ
あ! えっと……
ばっ
絵《え》の具《ぐ》に使《つか》う水《みず》いるでしょ くんでくるね!
いってきまーす!
いってら……

キキッ
キカッ
キ
キ
キ
うずまき……？
キュン
ゴォン
システム復旧《ふっきゅう》
完了《かんりょう》しました
目標《もくひょう》時空《じくう》へ
跳躍《ちょうやく》します
カッ
えっ!!
リン
あぶない！

ヌルルル

ブォン
ドォン
パゴーン
ゴロン
ゴローン
カラン…
いててて
なんなのよ　もう
きゅー
……

まったく
ひでえ目《め》にあったぜ
マシンも
ぶっこわれちまった
じゃねーか……
よっ…
カシュー
おっ？
んっ？
えっ！
なんなの……
ここどこーっ!?

〝江《え》戸《ど》の町《まち》〟ってどんな町《まち》？

① 徳川家康《とくがわいえやす》が町《まち》づくりを行《おこな》った！

江戸《えど》の町《まち》は、江戸幕府《えどばくふ》の初代将軍《しょだいしょうぐん》・徳川家康《とくがわいえやす》が開《かい》発《はっ》を進《すす》めたことで、どんどん発達《はったつ》していきました。家《いえ》康《やす》が江戸《えど》に入《はい》ったのは、1590〔天正《てんしょう》18〕年《ねん》のことです。その頃《ころ》の江戸《えど》の町《まち》は、寺社《じしゃ》や町《まち》、港《みなと》があり、にぎわっていたものの、江戸城《えどじょう》は小《ち》さく、都市《とし》としてもまだそれほど発達《はったつ》していませんでした。

江《え》戸《ど》の町《まち》の発達《はったつ》。江戸城《えどじょう》を中心《ちゅうしん》に郊外《こうがい》へと開発《かいはつ》が進《すす》んでいった

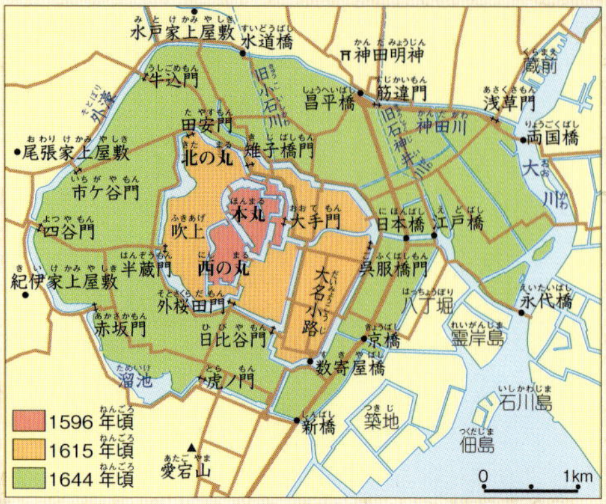
水戸家上屋敷《みとけかみやしき》
水道橋《すいどうばし》
神田明神《かんだみょうじん》
蔵前《くらまえ》
牛込門《うしごめもん》
外濠《そとぼり》
旧小石川《きゅうこいしかわ》
昌平橋《しょうへいばし》
筋違門《すじかいもん》
浅草門《あさくさもん》
旧石神井川
神田川《かんだがわ》
田安門《たやすもん》
両国橋《りょうごくばし》
尾張家上屋敷《おわりけかみやしき》
北の丸《きたのまる》
雉子橋門《きじばしもん》
大川《おおかわ》
市ケ谷門《いちがやもん》
本丸《ほんまる》
大手門《おおてもん》
日本橋《にほんばし》
江戸橋《えどばし》
四谷門《よつやもん》
吹上《ふきあげ》
西の丸《にしのまる》
半蔵門《はんぞうもん》
呉服橋門《ごふくばしもん》
紀伊家上屋敷《きいけかみやしき》
大名小路《だいみょうこうじ》
外桜田門《そとさくらだもん》
八丁堀《はっちょうぼり》
永代橋《えいたいばし》
赤坂門《あかさかもん》
日比谷門《ひびやもん》
京橋《きょうばし》
霊岸島《れいがんじま》
数寄屋橋《すきやばし》
溜池《ためいけ》
虎ノ門《とらもん》
石川島《いしかわじま》
1596年頃《ねんごろ》
1615年頃《ねんごろ》
1644年頃《ねんごろ》
新橋《しんばし》
築地《つきじ》
佃島《つくだじま》
愛宕山《あたごやま》
0
1km

町《まち》がどんどん
外側《そとがわ》に広《ひろ》がって
いったことが
わかるね

② 人口《じんこう》100万《まん》！ 世界一《せかいいち》の大都市《だいとし》に！

家康《いえやす》は、まず水運《すいうん》を整備《せいび》して、輸送路《ゆそうろ》をつくりました。また、海《うみ》を埋《う》め立《た》てて、江戸城《えどじょう》を拡大《かくだい》し、まわりにはけらいの家《いえ》を配置《はいち》するなど、都市《とし》の防衛《ぼうえい》を考《かんが》えながら江戸《えど》の町《まち》づくりを行《おこな》いました。

その後《ご》、「将軍様《しょうぐんさま》のおひざ元《もと》」として江戸《えど》の町《まち》はさらに発達《はったつ》し、18世紀《せいき》はじめの人口《じんこう》は100万《まん》と、当時《とうじ》世界一《せかいいち》の大都市《だいとし》だったといわれます。

江戸時代《えどじだい》のキーパーソン 1

江戸幕府《えどばくふ》を立《た》て直《なお》した将軍《しょうぐん》

徳川吉宗《とくがわよしむね》

★生没年《せいぼつねん》 1684～1751年《ねん》

江戸幕府《えどばくふ》の8代将軍《だいしょうぐん》。財政難《ざいせいなん》で苦《くる》しんでいた幕府《ばくふ》を立《た》て直《なお》すために、「享保《きょうほう》の改革《かいかく》」を行《おこな》った。この改革《かいかく》によって幕府《ばくふ》の財政《ざいせい》は立《た》ち直《なお》り、その後《ご》も手《て》本《ほん》とされた（→ 172 ページ）。

東京大学史料編纂所所蔵模写

③ 武士《ぶし》と町人《ちょうにん》の住《す》むところは別《べつ》！

江戸《えど》は日本《にほん》の政治《せいじ》の中心《ちゅうしん》でした。町《まち》は武士《ぶし》と町人《ちょうにん》（商人《しょうにん》・職人《しょくにん》など）の住《す》むところが分《わ》けられていて、江戸城《えどじょう》のまわりには、武士《ぶし》が住《す》む「武家地《ぶけち》」が広《ひろ》がっていました。武家地《ぶけち》は江戸《えど》の町《まち》の60％以上《いじょう》を占《し》め、残《のこ》りの土地《とち》に、町人《ちょうにん》が住《す》む「町人地《ちょうにんち》」や、お寺《てら》などの「寺社地《じしゃち》」がありました。日本橋付近《にほんばしふきん》には大《おお》きな商店《しょうてん》が並《なら》んでいました。

江戸時代《えどじだい》の初《はじ》めに描《えが》かれた江戸《えど》の地図《ちずみ》で見《み》てみよう！

「武州豊嶋郡江戸庄図《ぶしゅうとしまぐんえどしょうず》」国立国会図書館蔵

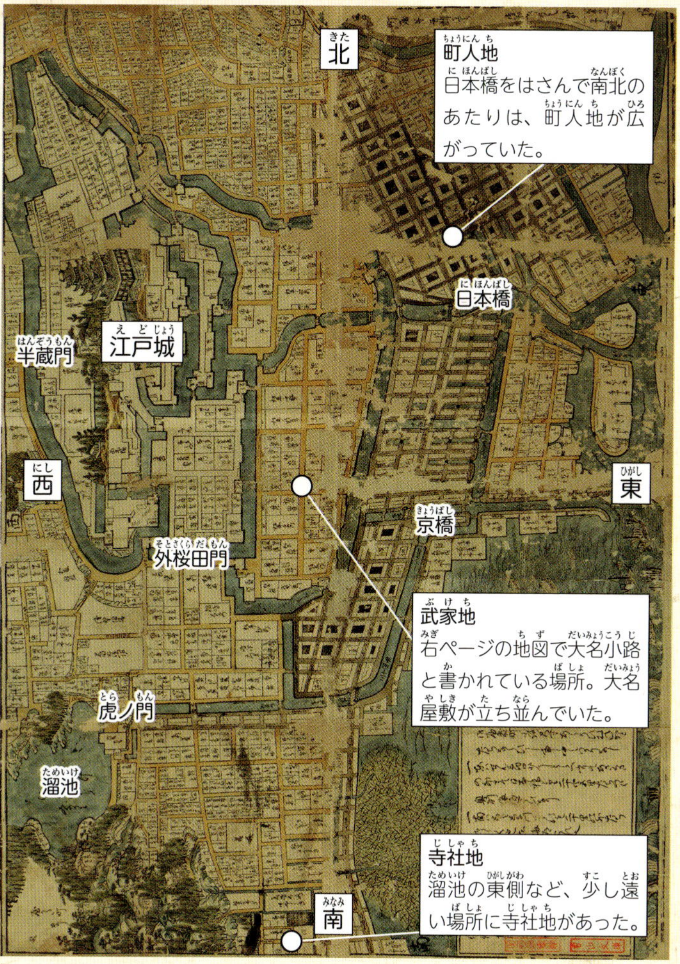
北《きた》
町人地《ちょうにんち》
日本橋《にほんばし》をはさんで南北《なんぼく》のあたりは、町人地《ちょうにんち》が広《ひろ》がっていた。
日本橋《にほんばし》
江戸城《えどじょう》
半蔵門《はんぞうもん》
西《にし》
東《ひがし》
京橋《きょうばし》
外桜田門《そとさくらだもん》
武家地《ぶけち》
右《みぎ》ページの地図《ちず》で大名小路《だいみょうこうじ》と書《か》かれている場所《ばしょ》。大名《だいみょう》屋敷《やしき》が立《た》ち並《なら》んでいた。
虎ノ門《とらのもん》
溜池《ためいけ》
寺社地《じしゃち》
溜池《ためいけ》の東側《ひがしがわ》など、少《すこ》し遠《とお》い場所《ばしょ》に寺社地《じしゃち》があった。
南《みなみ》

＊右《みぎ》ページの地図《ちず》に方角《ほうがく》を合《あ》わせて、図《ず》を回転《かいてん》している

江戸城《えどじょう》の天守《てんしゅ》は1657（明暦《めいれき》3）年《ねん》の「明暦《めいれき》の大火《たいか》」で燃《も》えてしまいその後《ご》は建《た》てられなかったのです

2章《しょう》 江戸時代《えどじだい》にタイムワープ!?

ゴエモン!!
おとなしくしなさい逮捕《たいほ》します!!
おいおい笑《わら》えねーな～
そんなボロボロのやつにオレが捕《つか》まるわけねーだろ
じゃあな～
ピューーー
ま……待《ま》てっ……

ま……
て……
ドッ
いてて…
リン？
ダッ
大丈夫《だいじょうぶ》!? ねえ!
ーう…
トキオ お医者《いしゃ》さん!
お医者《いしゃ》さん 呼《よ》んできて!
えっ!?

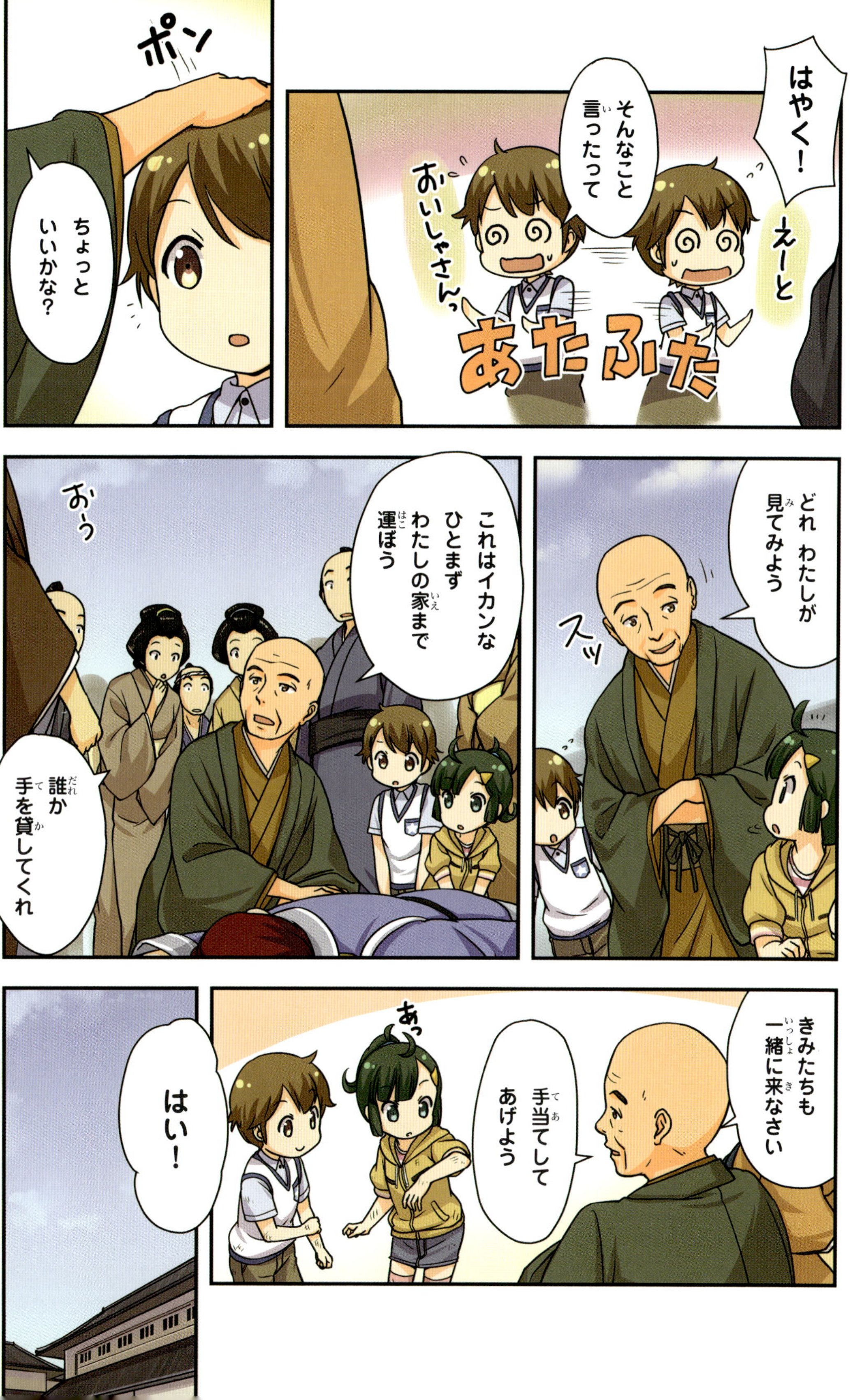
はやく!
えーと
そんなこと言《い》ったって
おいしゃさんっ
あたふた
ポン
ちょっといいかな?
どれ わたしが見《み》てみよう
スッ
これはイカンな ひとまず わたしの家《いえ》まで運《はこ》ぼう
おーう
誰《だれ》か手《て》を貸《か》してくれ
きみたちも一緒《いっしょ》に来《き》なさい
手当《てあ》てしてあげよう
あっ
はい!

これで処置《しょち》は終《お》わりだ
彼《かれ》もじきに目《め》を覚《さ》ますだろう
ふたりともご苦労《くろう》だったな
お医者《いしゃ》さんだったんですね
えーと……
そうかあいさつがまだだったな
わたしは杉田玄白《すぎたげんぱく》
きみたちの言《い》う通《とお》り 医者《いしゃ》じゃ
杉田玄白《すぎたげんぱく》
よろしく
ペコ
ヘビっ
これ何《なに》～？すごーいっ
ああそれは『解体約図《かいたいやくず》』だ人《ひと》の体《からだ》の中《なか》がよくわかるだろ
くわしい内容《ないよう》はそこの『解体新書《かいたいしんしょ》』に書《か》いてあるぞ
解體新書
巻之一

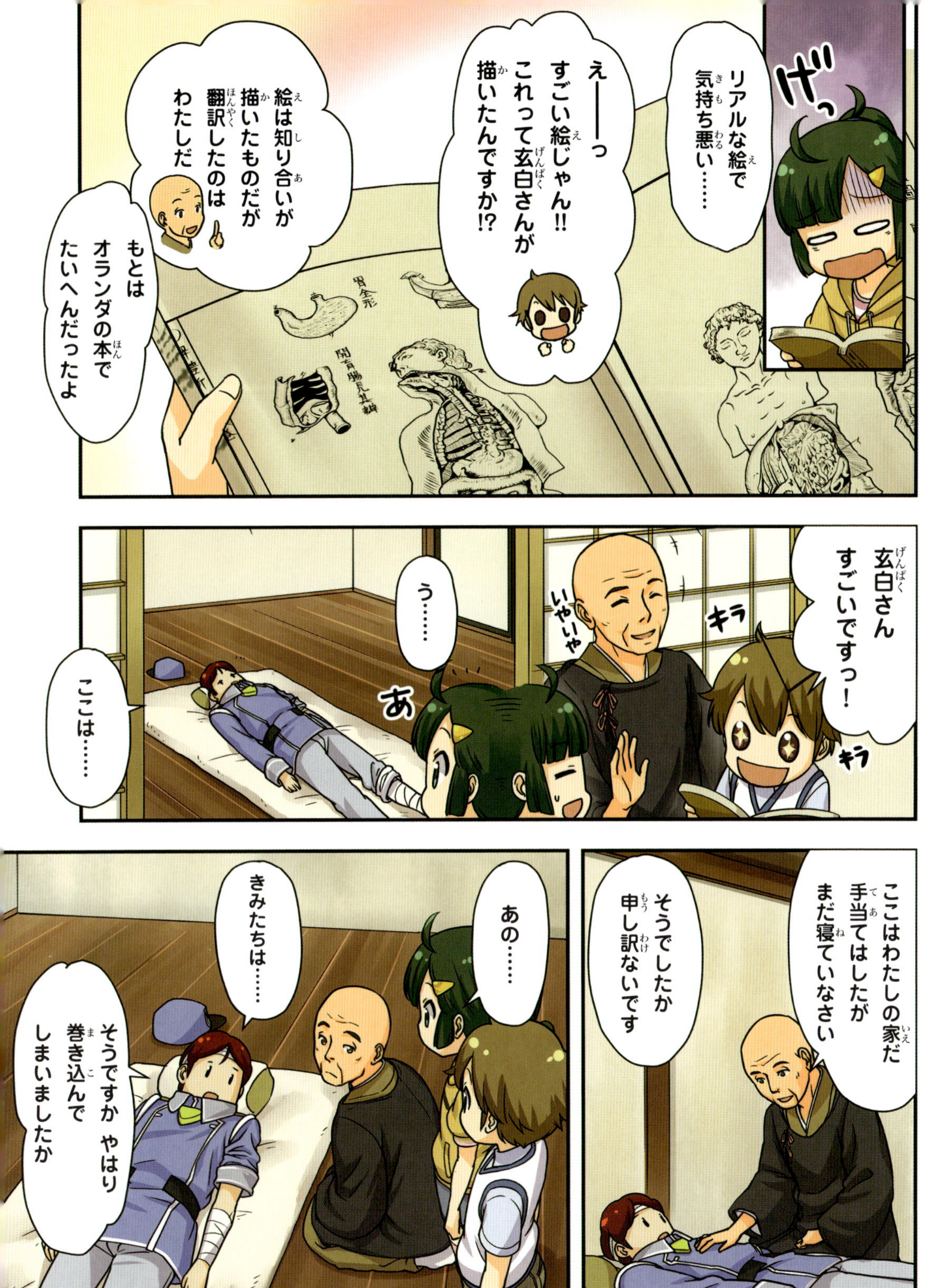
ぜっ
リアルな絵《え》で気持《きも》ち悪《わる》い……
えーーっ すごい絵《え》じゃん!! これって玄白《げんぱく》さんが描《か》いたんですか!?
絵《え》は知《し》り合《あ》いが描《か》いたものだが翻訳《ほんやく》したのはわたしだ
もとはオランダの本《ほん》でたいへんだったよ
玄白《げんぱく》さんすごいですっ!
キラ
キラ
いやいや
あ
う……
ここは……
ここはわたしの家《いえ》だ 手当《てあ》てはしたがまだ寝《ね》ていなさい
そうでしたか申《もう》し訳《わけ》ないです
あの……
きみたちは……
そうですか やはり巻《ま》き込《こ》んでしまいましたか

巻《ま》き込《こ》んでって何《なに》? どういうこと? わたしたちはどうなったの?
あなたは誰《だれ》?
さあ 答《こた》えて ちょーだい!
ずいっ
……はい
ではまず 自己紹介《じこしょうかい》から させていただきます
わたしは時空警察《じくうけいさつ》 特務《とくむ》2課所属《かしょぞく》の ハヤタ
時空《じくう》をまたいでの 窃盗犯《せっとうはん》の検挙《けんきょ》が 主《おも》な任務《にんむ》なのです
先《さき》ほども犯人《はんにん》を 追《お》っていたのですが
その際《さい》 ちょっとした トラブルで 時空座標《じくうざひょう》がずれ きみたちがいた時間《じかん》に 出《で》てしまい 時空事故《じくうじこ》 すなわち 意図《いと》しない人物《じんぶつ》を 巻《ま》き込《こ》んで 違《ちが》う時空座標《じくうざひょう》に 飛《と》んでしまったのです
ぐー…
あれっ? 寝《ね》てる!?
だって 話長《はなしなが》いし
わかり にくいです
ふぁ…
おぅ
では…… 簡単《かんたん》に

タイムマシンで泥棒《どろぼう》を追《お》っている時《とき》トラブルで きみたちごと江戸時代《えどじだい》にタイムワープしたということです
ほー なるほど
ん?
じゃあ ここは江戸時代《えどじだい》ってことなんですか!?
タイムマシンってハヤタさんは未来人《みらいじん》なの!?
……両方《りょうほう》 はい
すごーい!!

江戸時代《えどじだい》ということは……
あこがれの北斎《ほくさい》さんに会《あ》えるかもしれない
ほぁ～～
ハヤタさん
はい？
リン想像図《そうぞうず》
わたし 未来《みらい》に行《い》きたいっ!!
それは 規則《きそく》で禁止《きんし》されているのでだめです
何《なに》よ！ 江戸《えど》に連《つ》れてきたくせに
ぶーっ
すみません
それはほんとうに…
では こう しましょう
わたしが追《お》っているゴエモンという泥棒《どろぼう》を捕《つか》まえるのに協力《きょうりょく》してくれたら上司《じょうし》に頼《たの》んでみます
わかった やるわ！
えーーっ!?
ばっ
ピョン

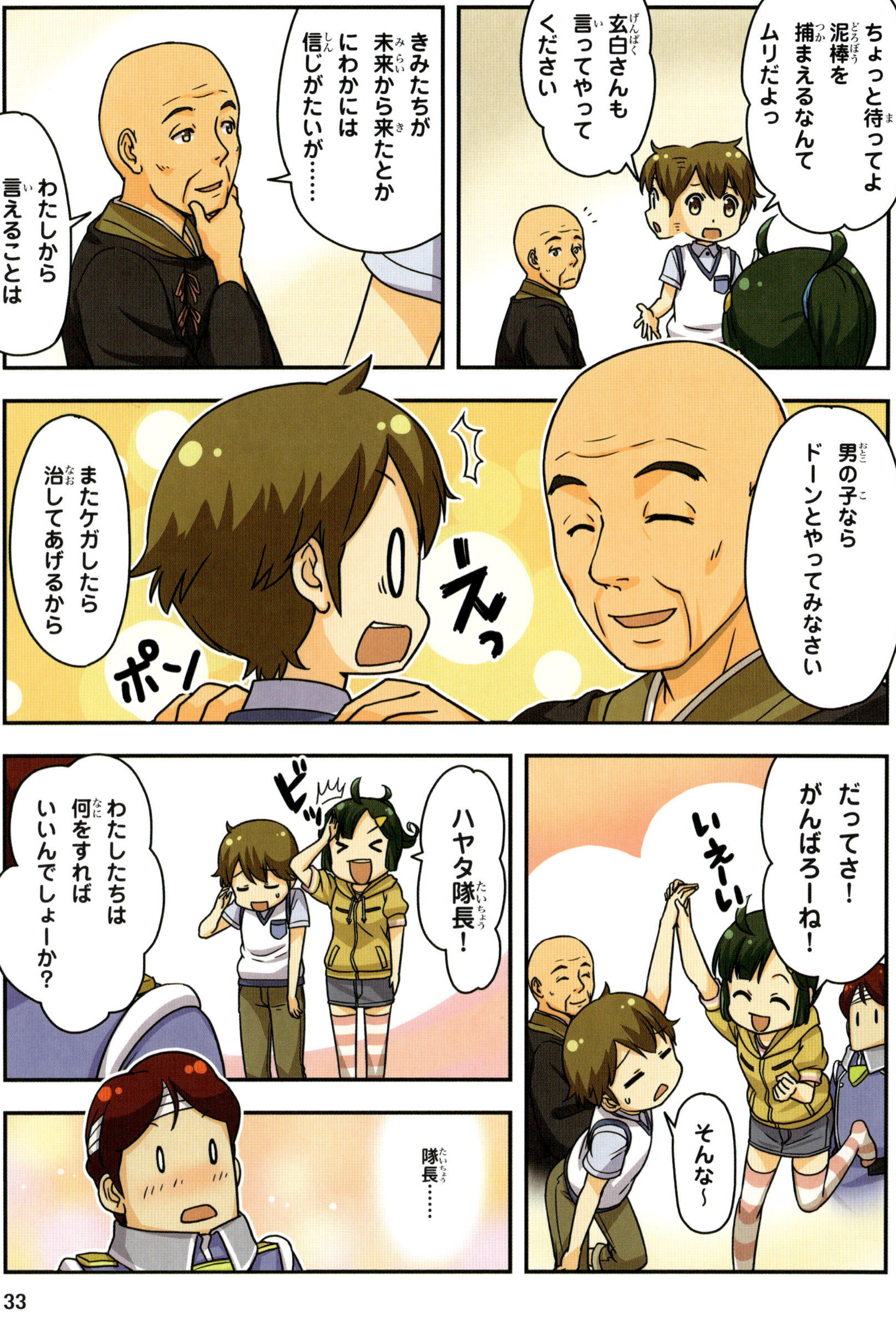
ちょっと待《ま》ってよ
泥棒《どろぼう》を捕《つか》まえるなんてムリだよっ
玄白《げんぱく》さんも言《い》ってやってください
きみたちが未来《みらい》から来《き》たとかにわかには信《しん》じがたいが……
わたしから言《い》えることはただひとつ
男《おとこ》の子《こ》ならドーンとやってみなさい
ポーン
えっ
またケガしたら治《なお》してあげるから
だってさ！がんばろーね！
いえーい
そんな～
ハヤタ隊長《たいちょう》！
ビッ
わたしたちは何《なに》をすればいいんでしょーか？
隊長《たいちょう》……

捜査方針《そうさほうしん》を話《はな》します!
スッ
はい!隊長《たいちょう》!
キュッ
ゴエモンは名画《めいが》を盗《ぬす》んでまわる泥棒《どろぼう》!
この江戸《えど》にも何《なに》か狙《ねら》いがあって来《き》たはずです!
それを突《つ》き止《と》めてゴエモンを逮捕《たいほ》します!
了解《りょうかい》!
その前《まえ》に着替《きが》えが必要《ひつよう》かな
わ!
それならこのバッジで
ピッ
ぱっ
すごーい!貸《か》して貸《か》して

へんし～ん
ピッ
わっ
トキオもほい!
ピッ
ガシャ
ピッ
ワオ
ピッ
もふ、
ピッ
これがいいわね
ふふ
普通《ふつう》にしてよ!

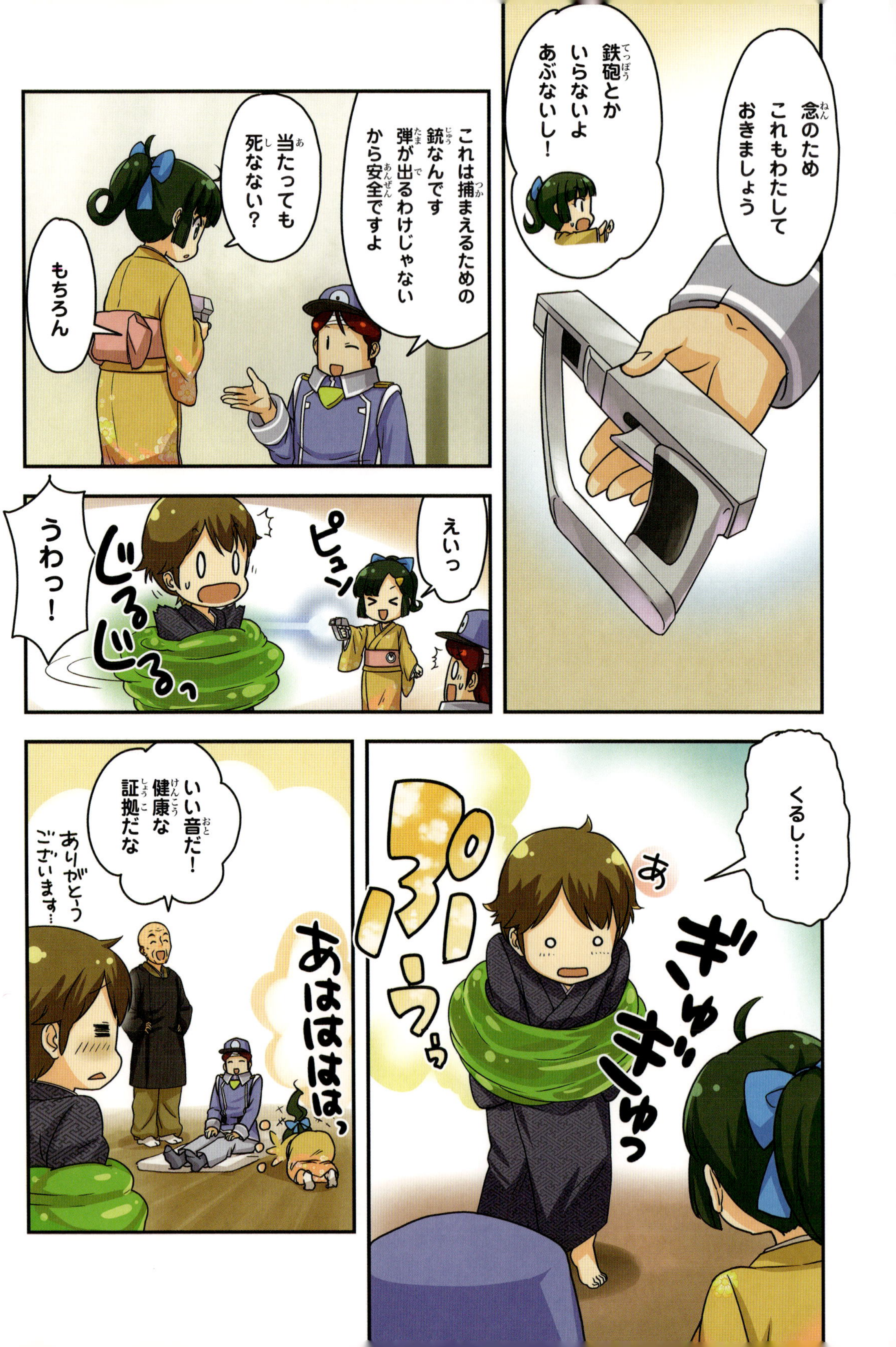
念《ねん》のため
これもわたしておきましょう
鉄砲《てっぽう》とか
いらないよ
あぶないし!
これは捕《つか》まえるための銃《じゅう》なんです
弾《たま》が出《で》るわけじゃないから安全《あんぜん》ですよ
当《あ》たっても死《し》なない?
もちろん
えいっ
ピュン
うわっ!
じるじるっ
くるし……
あ
ぎゅぎゅ
ぎゅっ
ぷはぅ
いい音《おと》だ!
健康《けんこう》な
証拠《しょうこ》だな
ありがと～う
ございます…
あはははは

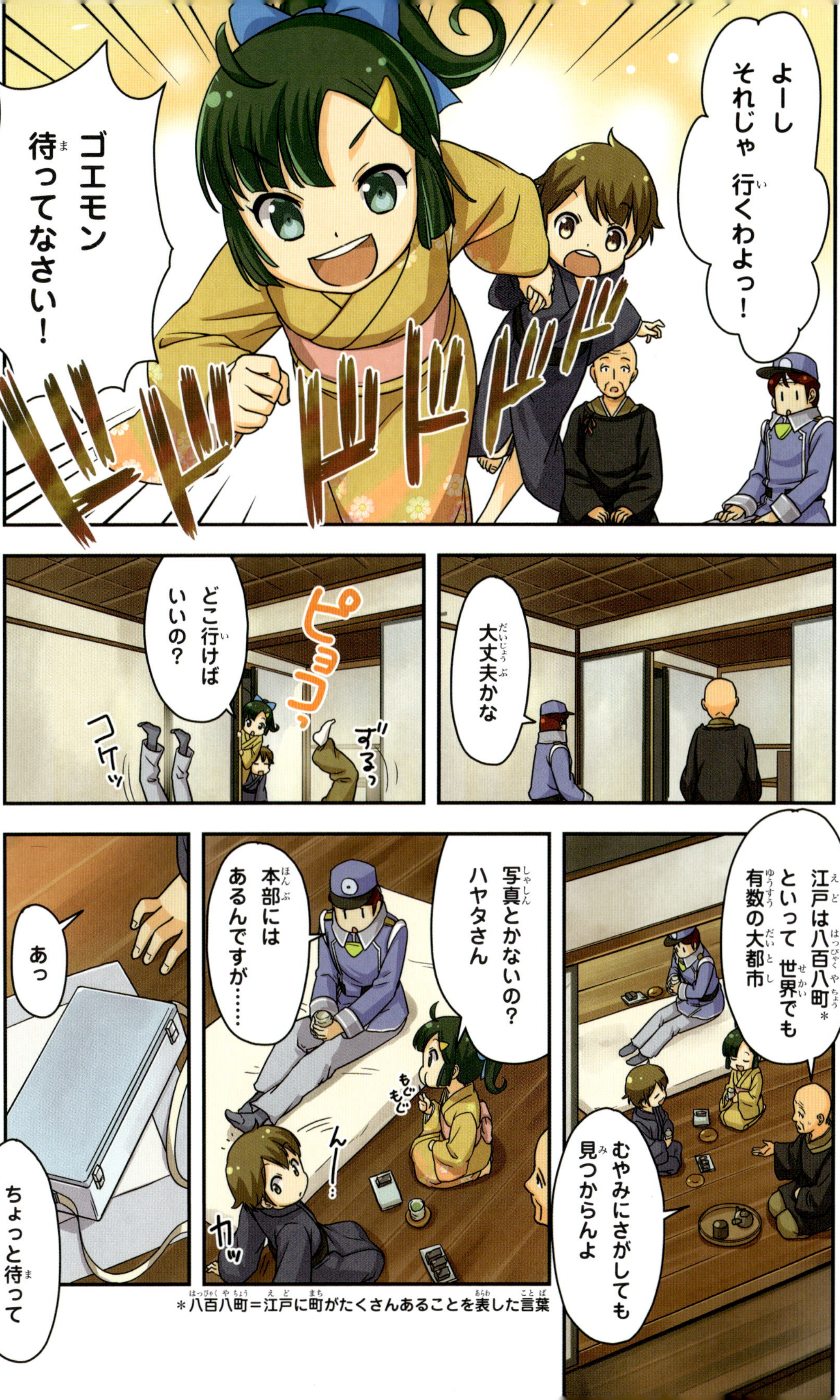
よーし それじゃ 行《い》くわよっ!
ゴエモン 待《ま》ってなさい!
ドドドドドド
大丈夫《だいじょうぶ》かな
ピョコッ
どこ行《い》けば いいの?
ずるっ
コケッ
江戸《えど》は八百八町《はっぴゃくやちょう》＊ といって 世界《せかい》でも 有数《ゆうすう》の大都市《だいとし》
むやみにさがしても 見《み》つからんよ
写真《しゃしん》とかないの? ハヤタさん
本部《ほんぶ》には あるんですが……
もぐもぐ
んー!!
カッ
あっ
ちょっと待《ま》って

＊八百八町《はっぴゃくやちょう》＝江戸《えど》に町《まち》がたくさんあることを表《あらわ》した言葉《ことば》

シャッ
シャッ
コトッ
バサッ
似顔絵《にがおえ》描《か》いてみたんだけど
こんな感《かん》じでどうかな？
ほほ〜！こりゃうまい
さっすがトキオ！
おお！
すばらしい才能《さいのう》！そっくりです！
それじゃ今度《こんど》こそ刑事《けいじ》ドラマみたいに似顔絵《にがおえ》持《も》って
ハリコミよ！
聞《き》き込《こ》みね
いくわよー、

なかなかいい絵《え》がそろってるが……
こういうんじゃないんだよな～
ちょっと聞《き》きてえんだが
へいなんでございやしょう
〝波《なみ》がざぶ～ん〟って感《かん》じの絵《え》はないかい？
〝ざぶ～ん〟ですかい？
いやあうちにはありませんが
ちぇっそうかい

それじゃあ
ちょっとこれを
見《み》てくれるかい？
シャコッ
はい？
ピカッ
ゴソ
ゴソ
おっ
あったあった
とりあえず金《かね》は
いつの時代《じだい》でも
必要《ひつよう》だからな
泥棒《どろぼう》だ～！
誰《だれ》か～！
よっと
ま
待《ま》て～！
待《ま》たねえよ～っと

こんな人《ひと》さがしてまーす
つかれたよー
あら
どなたか知《し》りませんか～
その人《ひと》ならさっき見《み》たわよ
え？どこで？
この先《さき》の本屋《ほんや》で熱心《ねっしん》に浮世絵《うきよえ》を見《み》てたわ
ありがとうございます！
ペコ
いいえ
よし！急《いそ》ごう！
待《ま》ってよ～！
ダーッ

TIME WARP memo
歴史《れきし》なるほどメモ②

身分《みぶん》で違《ちが》った暮《く》らしぶり

①大名《だいみょう》は豪華《ごうか》な暮《く》らし！

江戸時代《えどじだい》は、武士《ぶし》がいちばん偉《えら》く、町人《ちょうにん》たちを支配《しはい》していました。武士《ぶし》には、大名《だいみょう》から下級《かきゅう》の武士《ぶし》までいますが、大名《だいみょう》の暮《く》らしぶりは豪華《ごうか》なものでした。

御成門《おなりもん》
将軍《しょうぐん》を迎《むか》える時《とき》に使《つか》った特別《とくべつ》な門《もん》。かざりがとても豪華《ごうか》だ

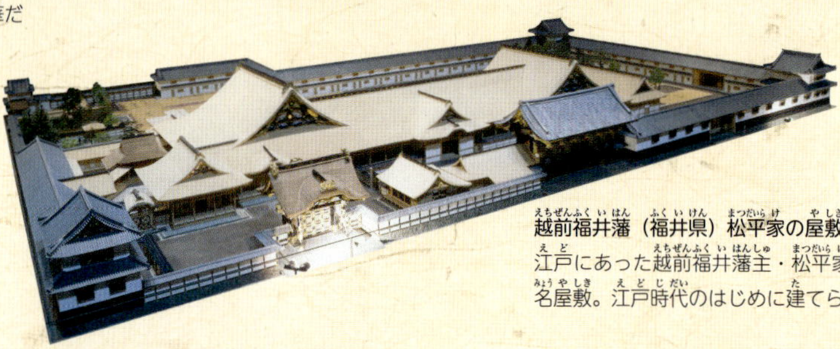
越前福井藩《えちぜんふくいはん》（福井県《ふくいけん》）松平家《まつだいらけ》の屋敷《やしき》（復元模型《ふくげんもけい》）
江戸《えど》にあった越前福井藩主《えちぜんふくいはんしゅ》・松平家《まつだいらけ》の豪華《ごうか》な大名屋敷《だいみょうやしき》。江戸時代《えどじだい》のはじめに建《た》てられた

②大商人《だいしょうにん》も負《ま》けてはいない！

江戸時代《えどじだい》、交通《こうつう》の発達《はったつ》により、貨幣《かへい》や商品《しょうひん》が全国《ぜんこく》に流通《りゅうつう》し、商業《しょうぎょう》が大《おお》きく発展《はってん》しました。商売《しょうばい》が大成功《だいせいこう》して、とてつもない財産《ざいさん》を築《きず》く大商人《だいしょうにん》もあらわれました。江戸《えど》の呉服店《ごふくてん》「三井越後屋《みついえちごや》」などが有名《ゆうめい》です。

三井越後屋《みついえちごや》の中《なか》の様子《ようす》
三井越後屋《みついえちごや》は布《ぬの》を１反《たん》（約《やく》11m）単位《たんい》だけでなく、客《きゃく》の必要《ひつよう》な分《ぶん》だけカットして売《う》ったので、人々《ひとびと》の評判《ひょうばん》を呼《よ》んだ

三井越後屋《みついえちごや》（復元模型《ふくげんもけい》）
三井越後屋《みついえちごや》は伊勢国松坂《いせのくにまつさか》（三重県《みえけん》）出身《しゅっしん》の三井高利《みついたかとし》が開《ひら》いた呉服店《ごふくてん》。これが発展《はってん》して、今《いま》のデパート「三越《みつこし》」になった

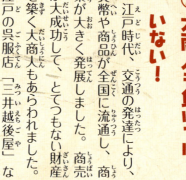

③ 質素《しっそ》な暮《く》らしの町人《ちょうにん》たち！

江戸《えど》の町人《ちょうにん》は、商店《しょうてん》が並《なら》んだ大通《おおどお》りの裏《うら》に建《た》つ長屋《ながや》に住《す》んでいました。長屋《ながや》の多《おお》くは1階建《かいだ》ての木造《もくぞう》アパートのようなもので、ひとつの部屋《へや》は、板敷《いたじ》きと台所《だいどころ》だけの狭《せま》い住《す》まいでした。そこに家族《かぞく》4人《にん》ほどで暮《く》らすこともありました。ただし、食事《しょくじ》は外食《がいしょく》やできあいのものを食《た》べることも多《おお》く、井戸《いど》、ゴミ捨《す》て場《ば》、トイレなどは共同《きょうどう》だったので、部屋《へや》は寝《ね》られればよく、狭《せま》くても問題《もんだい》はなかったようです。長屋《ながや》の住人《じゅうにん》は、おたがいに家族《かぞく》のように助《たす》け合《あ》って、暮《く》らしていました。

長屋《ながや》の一室《いっしつ》（復元年代《ふくげんねんだい》 江戸後期《えどこうき》 縮尺《しゅくしゃく》 1/1）

わずか6畳《じょう》ほどのスペース。月《つき》ぎめの家賃《やちん》は安《やす》く、2、3日《にち》まじめに働《はたら》いて稼《かせ》げるぐらいのお金《かね》で借《か》りられた

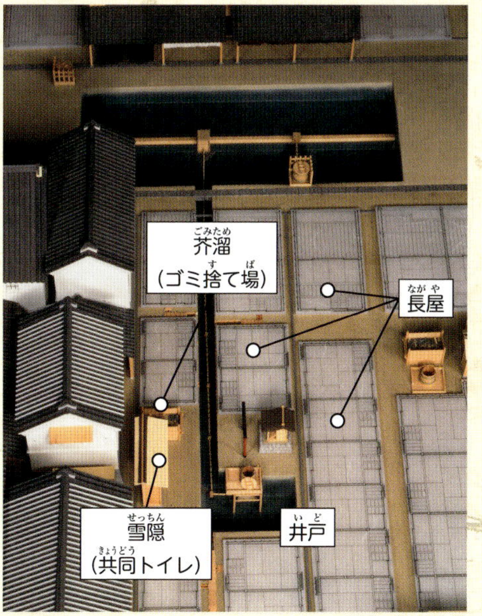
芥溜《ごみため》
（ゴミ捨《す》て場《ば》）
長屋《ながや》
雪隠《せっちん》
（共同《きょうどう》トイレ）
井戸《いど》

長屋《ながや》の共同部分《きょうどうぶぶん》

写真：すべて
江戸東京博物館蔵
Image：東京都歴史文化財団イメージアーカイブ

江戸東京博物館《えどとうきょうはくぶつかん》は
江戸時代《えどじだい》の様子《ようす》が
よくわかるよ

●江戸東京博物館
TEL：03-3626-9974（代表）
休館日：毎週月曜日（月曜が祝日または振替休日の場合はその翌日）、年末年始
開館時間：9：30～17：30
（土曜日は9：30～19：30）

3章《しょう》
江戸《えど》の町《まち》で大捜索《だいそうさく》！

＊八丁堀《はっちょうぼり》（のだんな）＝江戸《えど》の警察官《けいさつかん》のこと。町奉行《まちぶぎょう》で働《はたら》く与力《よりき》や同心《どうしん》が住《す》む屋敷《やしき》が八丁堀《はっちょうぼり》にあったことが由来《ゆらい》の呼《よ》び名《な》（58ページも見《み》よう）

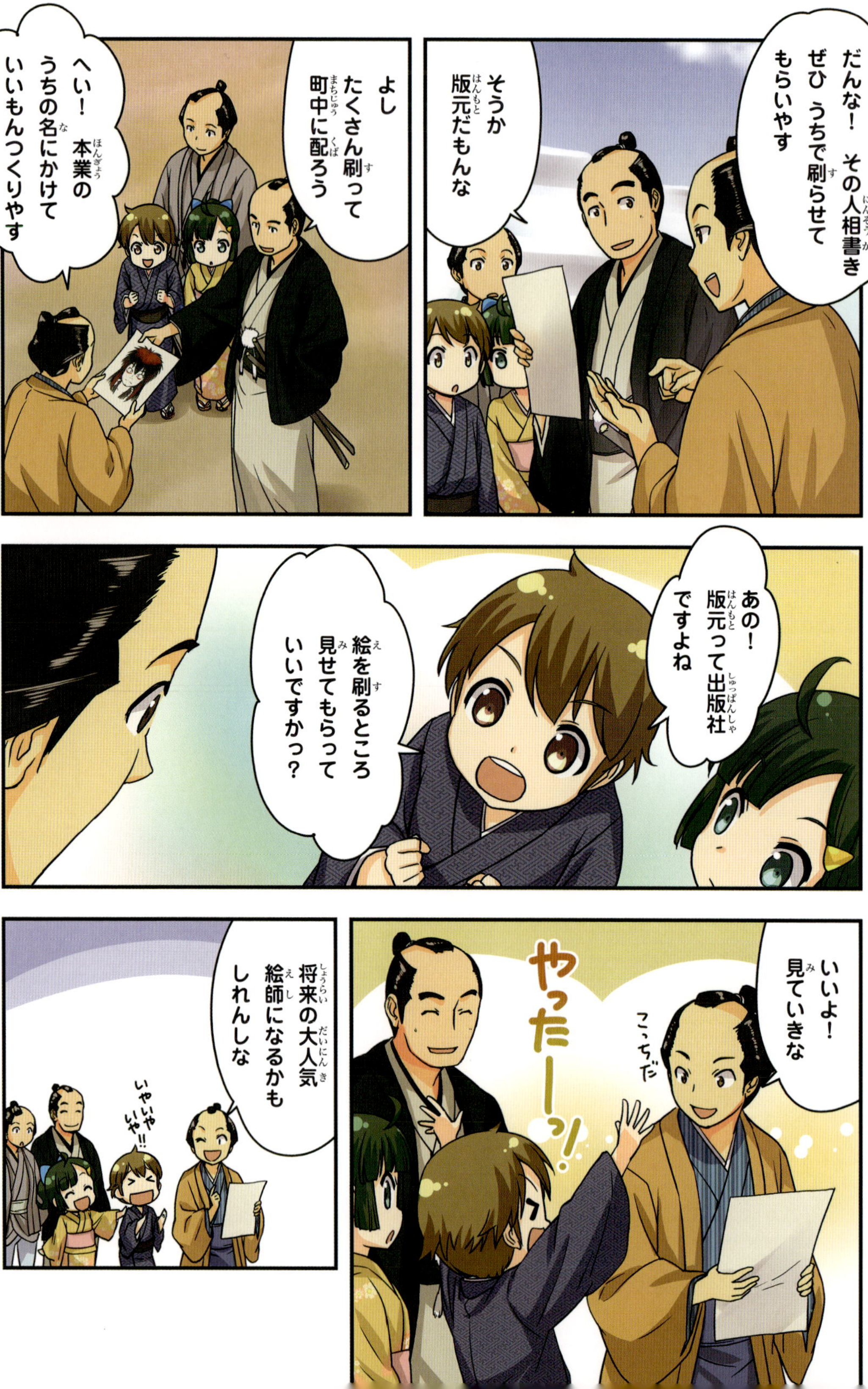
だんな！ その人相《にんそう》書《が》き ぜひ うちで刷《す》らせてもらいやす
そうか 版元《はんもと》だもんな
よし たくさん刷《す》って町中《まちじゅう》に配《くば》ろう
へい！ 本業《ほんぎょう》の うちの名《な》にかけて いいもんつくりやす
あの！ 版元《はんもと》って出版社《しゅっぱんしゃ》ですよね
絵《え》を刷《す》るところ見《み》せてもらっていいですかっ？
いいよ！ 見《み》ていきな
こっちだ
やったーっ!
将来《しょうらい》の大人気《だいにんき》 絵師《えし》になるかも しれんしな
いやいや いや!!

ちょいと いいかい
こいつを町中《まちじゅう》に 配《くば》りたいんだ
悪《わる》いが 急《いそ》ぎでやっとくれ
へい
それから この子《こ》らに 仕事《しごと》を見《み》せて やっとくれ
ペコッ
へい
絵《え》を板《いた》に はりつけて
彫刻刀《ちょうこくとう》で 彫《ほ》っていくのね
カリッ
カリッ
カリッ
版画《はんが》なんだね 手際《てぎわ》いい～

あとは墨《すみ》をつけて
ちゃんと
四《よ》すみを合《あ》わせて
ばれんを使《つか》って
紙《かみ》の上《うえ》から
こすってやれば
よっと
できあがりだ
おーーっ
江戸時代《えどじだい》の印刷《いんさつ》を
初《はじ》めて見《み》ました!
感動《かんどう》ですっ!
大《おお》げさだなあ
まとまったら
持《も》っていくから
店《みせ》のほうで待《ま》ってて
はーい

たのしかったかい？
はい！ものすごくっ
ふーん……これなんかかっこいいね
おっ 嬢《じょう》ちゃん お目《め》が高《たか》いね
それは人気《にんき》の歌舞伎役者《かぶきやくしゃ》を描《か》いた役者絵《やくしゃえ》さ
こうした多色刷《たしょくず》りの浮世絵《うきよえ》は江戸中《えどじゅう》で流行《りゅうこう》してる
役者絵《やくしゃえ》のほか美人絵《びじんえ》も江戸《えど》の男《おとこ》には人気《にんき》だぜ
わくわく
美人絵《びじんえ》？見《み》たい！
どうだい
ぴらっ
美人《びじん》だなあ
いい女《おんな》ですな
えっ？マジで？
う〜ん
トキオ？どうしたの？
えどはなぞね…
北斎《ほくさい》さんの絵《え》がないな〜と思《おも》って

あの 葛飾北斎《かつしかほくさい》さんの絵《え》って ありますか?
かつしか…… 聞《き》いたことが ないなあ
えーーっっ!! 知《し》らない!?
有名《ゆうめい》な浮世絵師《うきよえし》 なんだけど!
おちついて
すまないねえ うちには 置《お》いてないよ
有名《ゆうめい》な絵師《えし》なら 耳《みみ》に入《はい》ってくるはず なんだがなあ
……そんなはずは
お待《ま》たせしました
お! できたか こりゃいいな
ペコ
見《み》せて見《み》せて~
人相書
泥棒 五右衛門

人相書《にんそうがき》
泥棒《どろぼう》
五《ご》
おおおお〜！すごーいいいっ！
ボクの絵《え》が浮世絵《うきよえ》にっ!!
トキオの絵《え》がこうなるのね!!
いいできだな
それじゃ これを町《まち》で配《くば》るとしよう
わたしたちも手伝《てつだ》う！
ぼくもっ？
すまねえな よろしく頼《たの》む
よーし！
気合《きあい》入《い》れていくわよ〜っ！
まってよ〜っ
バサ
バサ
豪快《ごうかい》ですね
ああ……

う〜ん……なかなか見《み》つからねーな
“波《なみ》がざぶ〜ん”じゃ伝《つた》わらんのか?
いやあれほど高値《たかね》のつく絵《え》だ
世《よ》に出《で》ていたら知《し》られているはず
ぐうう
そういや何《なに》も食《く》ってなかったぜ……
タッ
スタッ
おっ
そばの屋台《やたい》か!
ちょうどいい腹《はら》ごしらえといこう

おやじ！一杯《いっぱい》くれ
あいよ！
トン
はえーな！
こちとら江戸《えど》名物《めいぶつ》の江戸前《えどまえ》そばだぜ当《あ》ったりめえよ
早寝《はやね》早《はや》めし早《はや》グソがとりえってな！
ずるずる
ガッハッハッ
おっと食《く》ってる時《とき》にクソはなかったなすまねえ すまねえ
おやじかけそば一杯《いっぱい》くれ
まいど！
ところで こんなの町《まち》で配《くば》ってたんだが
ん？おたずね者《もの》の人相書《にんそうが》きかい フムフム

……って
こいつだーっ!!
ブーーっ
ホントだーっ!!
なんだ!? なんだよ おい!
キョロ キョロ
とぼけても ムダだぜ
この手配書《てはいしょ》のツラから見《み》ると……
泥棒《どろぼう》 五右衛門《ごえもん》
おめえさん
ところ構《かま》わず立《た》ちションしたんだろ!
なんだそりゃ!!
やってねーよ!!
食《く》い逃《に》げばかりしてるって聞《き》いたぞ
いろんな女《おんな》をだましたんだとさ
あーもうー!! 金《かね》を盗《ぬす》んだだけだーっ!
待《ま》ちやがれ! 立《た》ちションやろう
ばーか ばーか

番小屋《ばんごや》（江戸時代《えどじだい》の交番《こうばん》のようなもの）
集《あつ》まった情報《じょうほう》を整理《せいり》すると……
へい
ゴエモンは浮世絵《うきよえ》のお店《みせ》で目撃《もくげき》されている
“波《なみ》がざぶ〜ん”とした絵《え》を探《さが》している……
つまり探《さが》しているのは
シャッ
ササッ
葛飾北斎《かつしかほくさい》のこの絵《え》！
ばっ

うーん 見《み》たことねえし 北斎《ほくさい》も知《し》らねえ
ですか……
やっぱり この時代《じだい》 北斎《ほくさい》さんは まだ世《よ》に出《で》ていない ということか……
とすると……
そうか！
この時代《じだい》に北斎《ほくさい》さんの 絵《え》がなかったとしたら 次《つぎ》はどうする？
そりゃ～ 絵《え》がある時代《じだい》に 移動《いどう》するわよね
そうか！ タイムマシンね
うん！ 絶対《ぜったい》 マシンの場所《ばしょ》に 戻《もど》ってくるはずだよ
たいむ？ なんだそりゃ？
えーと…
説明《せつめい》はあとよ 八丁堀《はっちょうぼり》のだんな！

番
とにかく 今《いま》は急《いそ》がないと!
行《い》くわよっ!
すっ
この絵《え》もあの子《こ》が描《か》いたのか……

江戸《えど》の町《まち》のトップは"町奉行《まちぶぎょう》"

① 町人地《ちょうにんち》を管理《かんり》する町奉行《まちぶぎょう》

江戸幕府《えどばくふ》は各地《かくち》を治《おさ》めるために奉行《ぶぎょう》を置《お》きました。なかでも「寺社奉行《じしゃぶぎょう》」「勘定奉行《かんじょうぶぎょう》」「町奉行《まちぶぎょう》」の3つは、「三奉行《さんぶぎょう》」と呼《よ》ばれ、とても重要《じゅうよう》な役職《やくしょく》でした。このうち、江戸《えど》の町人地《ちょうにんち》を管理《かんり》するのが町奉行《まちぶぎょう》（江戸町奉行《えどまちぶぎょう》）で、江戸《えど》の町《まち》のトップとして、さまざまな仕事《しごと》を行《おこな》っていました。

② 北町奉行《きたまちぶぎょう》と南町奉行《みなみまちぶぎょう》で代《か》わりばんこ

町奉行《まちぶぎょう》は、北町奉行《きたまちぶぎょう》と南町奉行《みなみまちぶぎょう》のふたりがいて、月《つき》ごとに交代《こうたい》で任務《にんむ》につきました。また町奉行《まちぶぎょう》は、与力《よりき》や同心《どうしん》といった部下《ぶか》たちを使《つか》い、任務《にんむ》にあたらせました。

オレは与力《よりき》けっこうエライんだぜ

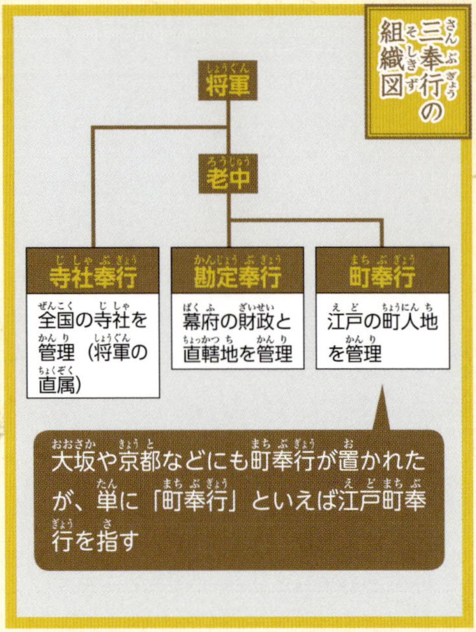
三奉行《さんぶぎょう》の組織図《そしきず》
将軍《しょうぐん》
老中《ろうじゅう》
寺社奉行《じしゃぶぎょう》
全国《ぜんこく》の寺社《じしゃ》を管理《かんり》（将軍《しょうぐん》の直属《ちょくぞく》）
勘定奉行《かんじょうぶぎょう》
幕府《ばくふ》の財政《ざいせい》と直轄地《ちょっかつち》を管理《かんり》
町奉行《まちぶぎょう》
江戸《えど》の町人地《ちょうにんち》を管理《かんり》
大坂《おおさか》や京都《きょうと》などにも町奉行《まちぶぎょう》が置《お》かれたが、単《たん》に「町奉行《まちぶぎょう》」といえば江戸町奉行《えどまちぶぎょう》を指《さ》す

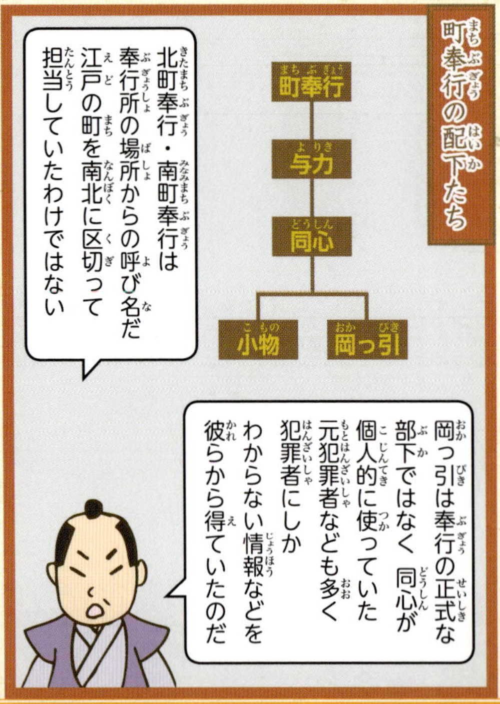
町奉行《まちぶぎょう》の配下《はいか》たち
町奉行《まちぶぎょう》
与力《よりき》
同心《どうしん》
小物《こもの》
岡《おか》っ引《ぴき》
北町奉行《きたまちぶぎょう》・南町奉行《みなみまちぶぎょう》は奉行所《ぶぎょうしょ》の場所《ばしょ》からの呼《よ》び名《な》だ 江戸《えど》の町《まち》を南北《なんぼく》に区切《くぎ》って担当《たんとう》していたわけではない
岡《おか》っ引《ぴき》は奉行《ぶぎょう》の正式《せいしき》な部下《ぶか》ではなく 同心《どうしん》が個人的《こじんてき》に使《つか》っていた 元犯罪者《もとはんざいしゃ》なども多《おお》く 犯罪者《はんざいしゃ》にしか わからない情報《じょうほう》などを 彼《かれ》らから得《え》ていたのだ

③町奉行《まちぶぎょう》は"東京都知事《とうきょうとちじ》"!?

町奉行《まちぶぎょう》の仕事《しごと》は、江戸《えど》の町《まち》の行政《ぎょうせい》、警察《けいさつ》、裁判《さいばん》、消防《しょうぼう》、災害救助《さいがいきゅうじょ》など、じつにたくさん。現在《げんざい》でいえば東京都知事《とうきょうとちじ》だけでなく、そのほかに警視庁《けいしちょう》、消防庁《しょうぼうちょう》、裁判所《さいばんしょ》などのトップもかねていました。

*町奉行《まちぶぎょう》が逮捕《たいほ》できるのは基本的《きほんてき》に町人《ちょうにん》のみ

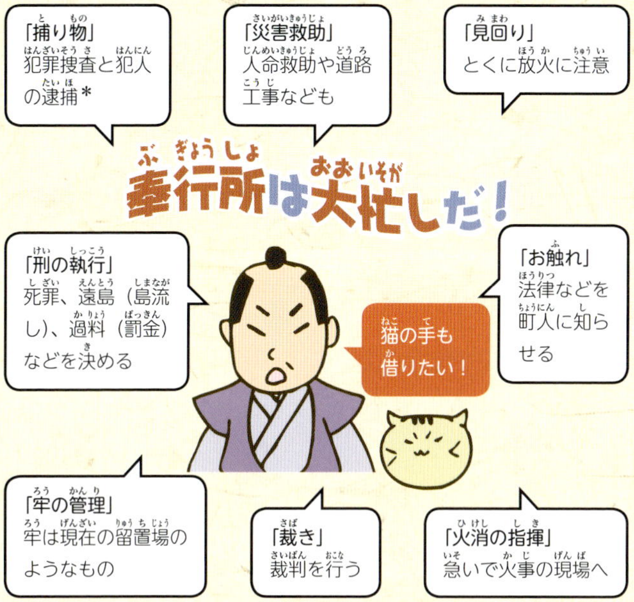
「捕《と》り物《もの》」犯罪捜査《はんざいそうさ》と犯人《はんにん》の逮捕《たいほ》*
「災害救助《さいがいきゅうじょ》」人命救助《じんめいきゅうじょ》や道路《どうろ》工事《こうじ》なども
「見回《みまわ》り」とくに放火《ほうか》に注意《ちゅうい》
奉行所《ぶぎょうしょ》は大忙《おおいそが》しだ!
「刑《けい》の執行《しっこう》」死罪《しざい》、遠島《えんとう》(島流《しまなが》し)、過料《かりょう》(罰金《ばっきん》)などを決《き》める
猫《ねこ》の手《て》も借《か》りたい!
「お触《ふ》れ」法律《ほうりつ》などを町人《ちょうにん》に知《し》らせる
「牢《ろう》の管理《かんり》」牢《ろう》は現在《げんざい》の留置場《りゅうちじょう》のようなもの
「裁《さば》き」裁判《さいばん》を行《おこな》う
「火消《ひけし》の指揮《しき》」急《いそ》いで火事《かじ》の現場《げんば》へ

江戸時代《えどじだい》のキーパーソン 2

徳川吉宗《とくがわよしむね》と二人三脚《ににんさんきゃく》

大岡忠相《おおおかただすけ》(越前《えちぜん》)

★生没年《せいぼつねん》1677〜1752年《ねん》

8代将軍《だいしょうぐん》・徳川吉宗《とくがわよしむね》によって町奉行《まちぶぎょう》に取《と》り立《た》てられた。庶民《しょみん》のための無料病院《むりょうびょういん》「小石川養生所《こいしかわようじょうしょ》」や、町人《ちょうにん》の消防組織《しょうぼうそしき》「町火消《まちびけし》」の設置《せっち》など、吉宗《よしむね》の改革《かいかく》を支《ささ》えた(→156ページ)。

大岡忠相を題材にした役者絵「扇音同大岡政談(部分)」から
東京都立中央図書館特別文庫室蔵

江戸時代《えどじだい》のキーパーソン 3

桜吹雪《さくらふぶき》(?)の町奉行《まちぶぎょう》

遠山景元《とおやまかげもと》(金四郎《きんしろう》)

★生没年《せいぼつねん》1793〜1855年《ねん》

時代劇《じだいげき》では、肩《かた》や背中《せなか》に桜吹雪《さくらふぶき》の彫《ほ》り物《もの》を入《い》れた姿《すがた》で登場《とうじょう》するが、実際《じっさい》の話《はなし》かどうかはわからない。幕府《ばくふ》が芝居小屋《しばいごや》の廃止《はいし》を命《めい》じた際《さい》、移転《いてん》にとどめて庶民《しょみん》の人気者《にんきもの》になった。

遠山景元を題材にした役者絵「遠山桜天保日記(部分)」から
東京都立中央図書館特別文庫室蔵

4章《しょう》 科学《かがく》も芸術《げいじゅつ》も源内《げんない》にお任《まか》せ！

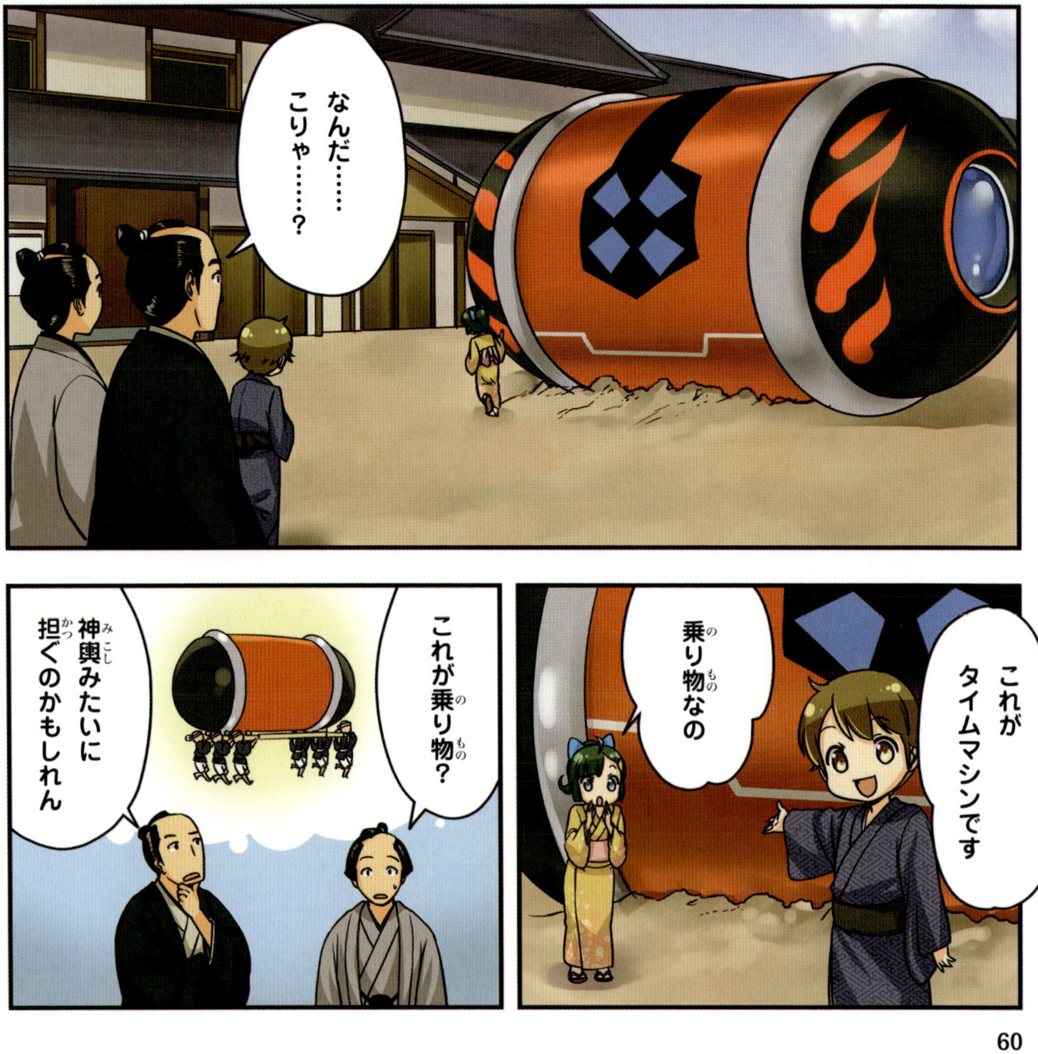
なんだ……
こりゃ……？
これがタイムマシンです
乗《の》り物《もの》なの
これが乗《の》り物《もの》？
神輿《みこし》みたいに担《かつ》ぐのかもしれん

ゴエモンはまだ来《き》てないみたいだね
ここで見張《みは》って絶対《ぜったい》に捕《つか》まえてやるんだから！
チャキッ
ゴソ…
なんか上《うえ》にいるぞーっ！
気《き》をつけてーーっ!!
ーうぇ？
ギッ
ゴエモンねっ！
パシュッ
逮捕《たいほ》するっ!!
バッ

ゴエモン！おとなしく……
なんじゃこりゃー!!
たたっ
感触《かんしょく》はところてんのようだが ぎゅーっと しめつけられる！ なんだ この素材《そざい》は!?
うはは！ 動《うご》こうと すればするほど しめつけられる！
ギュ ギュ
すごいっ すごいぞ～！ じつに興味深《きょうみぶか》い
ゴエモンじゃ ない？
なにあれ…
捕《つか》まって 喜《よろこ》んでる……
なんということだー!
あ……
源内《げんない》さんじゃ ありやせんか
たたっ
ん？
誰《だれ》？

＊1 本草学《ほんぞうがく》＝植物《しょくぶつ》や動物《どうぶつ》、鉱物《こうぶつ》など、さまざまな自然物《しぜんぶつ》を研究《けんきゅう》する学問《がくもん》　＊2 蘭学《らんがく》＝オランダを通《つう》じて伝《つた》わった西洋《せいよう》の学問《がくもん》

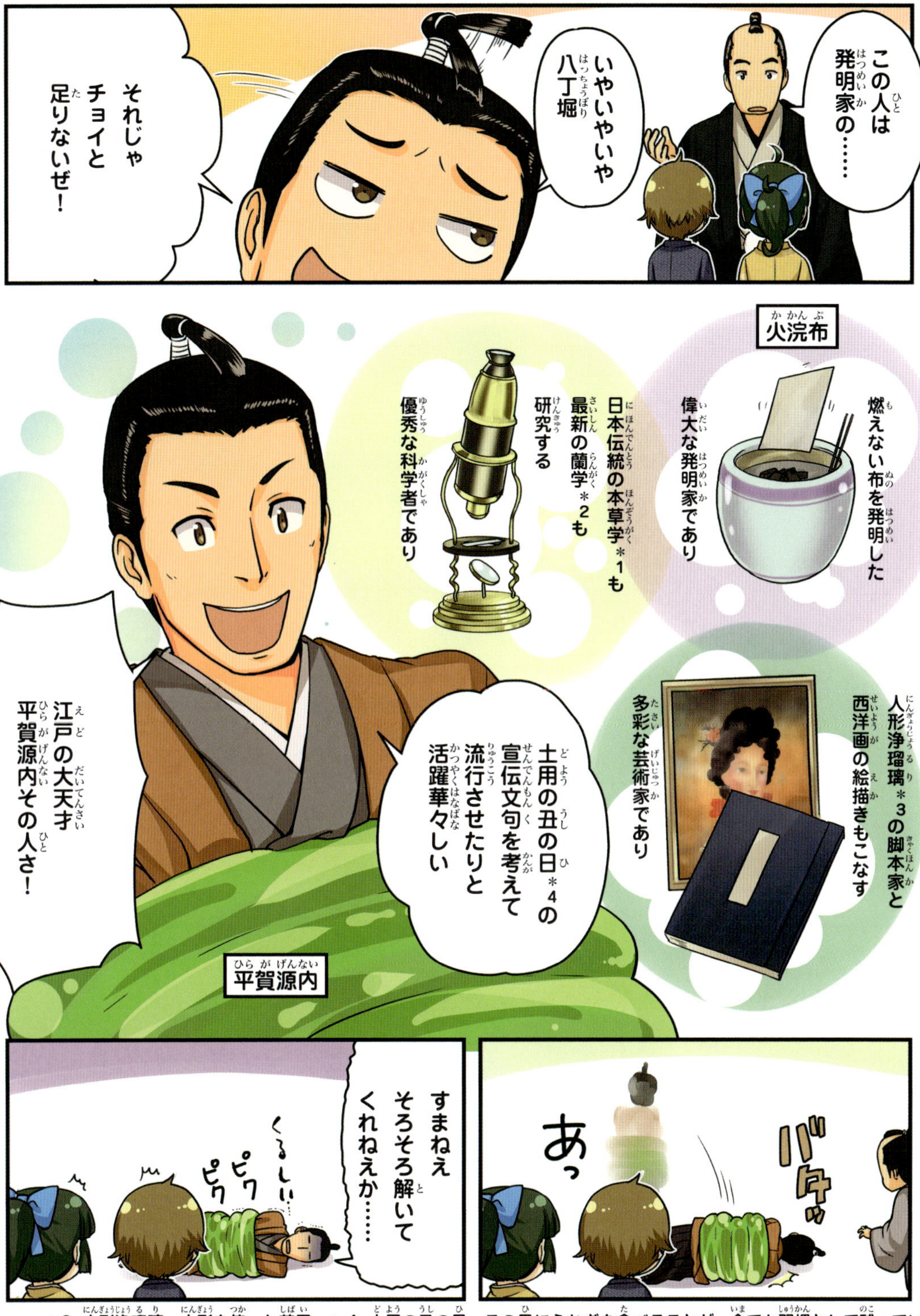

＊3 人形浄瑠璃《にんぎょうじょうるり》＝人形《にんぎょう》を使《つか》った芝居《しばい》　＊4 土用《どよう》の丑《うし》の日《ひ》＝この日《ひ》にうなぎを食《た》べることが、今《いま》でも習慣《しゅうかん》として残《のこ》っている

ふう
源内《げんない》さん なんであんなところに?
そりゃ もちろん 知的好奇心《ちてきこうきしん》ってやつだよ
見《み》たことのねえものが町《まち》のど真《ま》ん中《なか》に落《お》ちたって聞《き》いたからすぐ来《き》たわけよ
いやー びっくりだね
こんな面白《おもしろ》いもんは初《はじ》めて見《み》た蘭学《らんがく》の本《ほん》にも載《の》ってなかったからなあ
んで あちこち見《み》てるうちにひらめいたね!
こいつはたぶん船《ふね》のような乗《の》り物《もの》でどこかが故障《こしょう》して動《うご》かなくなったんじゃねーかってな
だとしたらどっかから中《なか》に入《はい》れるはずだろ
おれは七《なな》つ道具《どうぐ》を持《も》ってハシゴを掛《か》け……

＊半刻《はんとき》＝江戸時代《えどじだい》の時間《じかん》の数《かぞ》え方《かた》で1時間《じかん》ほど。季節《きせつ》によるが、一刻《いっとき》が約《やく》2時間《じかん》

あっ!!
ゴエモンーっ!!
キィーーー
ピッ
ピッ

オレは夢《ゆめ》でも見《み》てんのか……?
鉄《てつ》の乗《の》り物《もの》が浮《う》いている……!
やい!そこの子《こ》どもふたり!
おまえたちだろ!手配書《てはいしょ》なんかつくりやがったのは!
ひどい目《め》にあったんだぞ!
泥棒《どろぼう》なんかするからでしょ!
自業自得《じごうじとく》です!
うるせーっ!!
おまえらお子様《こさま》にゃ
待《ま》てーいっ!!
どこへ行《い》くのか知《し》らないが
オレも乗《の》せてけーっ!!
ピョーン
とんだっ
いつのまに!

みゃん
やなこった
パシッ
べちっ
あっ
じゃーなー!!
シュン
消《き》えた……
おい 源内《げんない》
なんだあれは!
そんなゆらさないほうが…
おいおい
ケガ人《にん》に
無理《むり》しなさんな
ざっ
玄白《げんぱく》さんと
ハヤタさん!
ちょうどよかった
たいへんです!
タイムマシンで
ゴエモンが
逃《に》げちゃったの!
え!?
やつのマシンは
壊《こわ》れてるはず
じゃ……
ハヤタさんのに
乗《の》ってっちゃったの!
ピョーン
おっ
なんですって~っ!!

それは非常《ひじょう》にマズイ
じょうしにおこられる
ガクガク
こっちのは直《なお》せないのかい?
見《み》てみないことにはなんともですが……わたしは専門《せんもん》ではないので
いるじゃん専門家《せんもんか》!
発明家《はつめいか》で科学者《かがくしゃ》でウワサの大天才《だいてんさい》
そんな方《かた》がどこにですか!?
あそこ
平賀源内《ひらがげんない》さん!
さっ

たぶん このへんに照明《しょうめい》のスイッチが……
ぱっ
うわっ なんだ? いきなり明《あか》るくなったぞ!?
妖術《ようじゅつ》か?
ただのスイッチですよ それよりも
なんで こんな大勢《おおぜい》乗《の》ってくるんです?
気《き》になるもん!
ボクも
下手人《げしゅにん》のもんなら何《なに》か手《て》がかりがあるかもしれねえしな
まあ とりあえず見《み》てみようぜ
オレもはいりたかったなー
ほう・ほう
なるほどなるほど
平賀《ひらが》さん わかりますか?
んー
ふむふむ

さっぱりわからん！
びっ
いばって言《い》うな！
まあまあ未来《みらい》の技術《ぎじゅつ》じゃ仕方《しかた》なかろう
みらい？
おいおいゴエモンは未来人《みらいじん》だってのかい？
ハヤタくんとこのふたりもな
な…
なんだと……
そこらの子《こ》と変《か》わらんが……
さっ
ひゃっ
さささっ
さわっ
さっ
いいかげんにしなさい！
パシュ
あーっ

さて コードとやらを つなげてきたぜ どうだい?
はい! 接続確認《せつぞくかくにん》 できました
これで最終《さいしゅう》 確認《かくにん》を……
カタ カタ
ピー
あ…… そんな……
だめなの?
どうやら 起動《きどう》させるための スパークセルの 不具合《ふぐあい》……
簡単《かんたん》に言《い》うと 電気《でんき》ショックが 必要《ひつよう》みたいです
なーんだ 電気《でんき》なら 簡単《かんたん》じゃない 源内《げんない》さんちの コンセントを 使《つか》わせて～!
こんせん? なんのことだ?
?
ほらほら こんなのを さすところ～
きつね?
電気《でんき》は まだないよ
江戸時代《えどじだい》には……

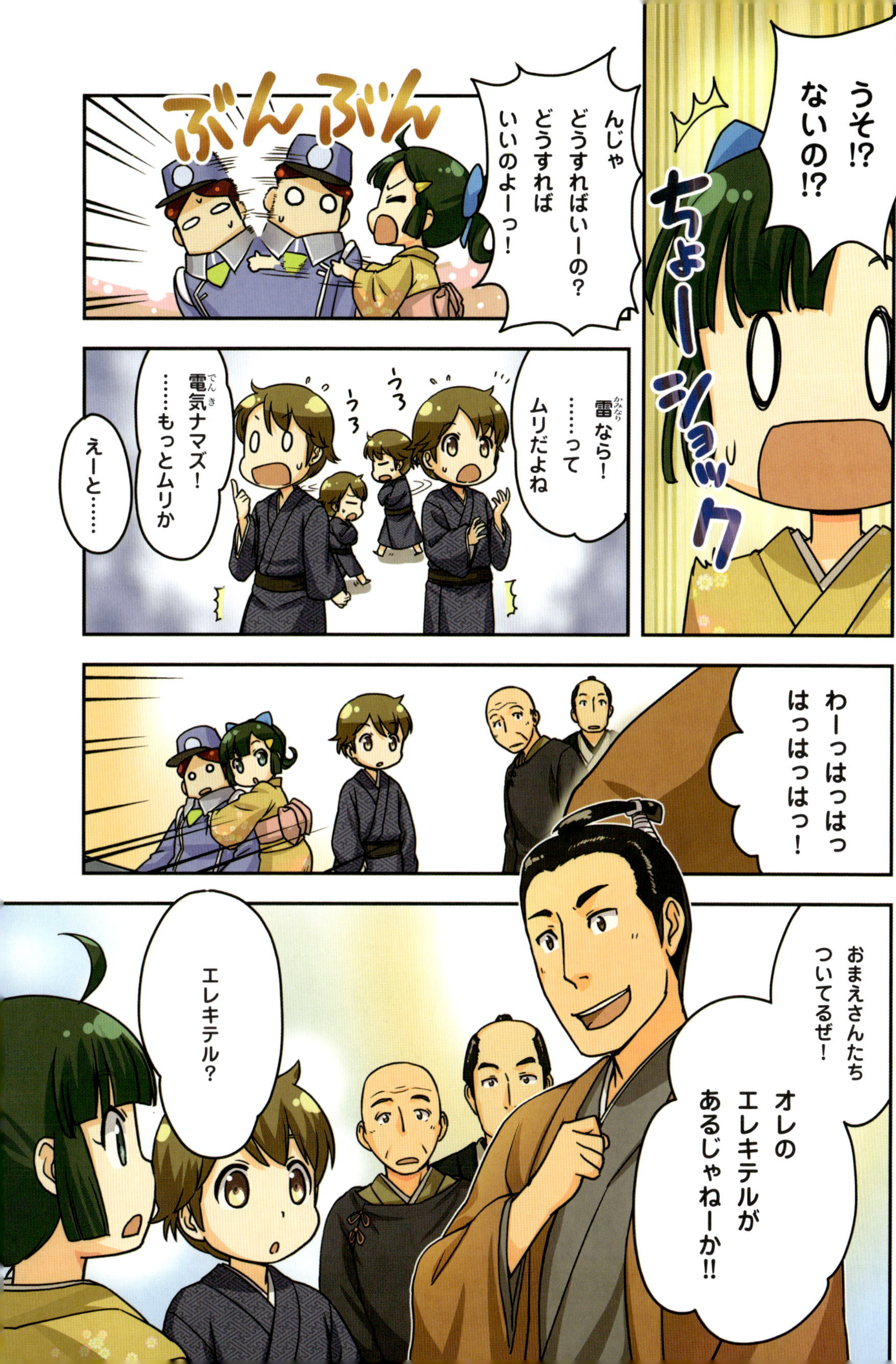

うそ!? ないの!?
ちょーショック
んじゃ どうすればいーの? どうすれば いいのよーっ!
ぶんぶん
雷《かみなり》なら! ……って ムリだよね
電気《でんき》ナマズ! ……もっとムリか
えーと……
わーっはっはっ はっはっはっ!
おまえさんたち ついてるぜ! オレの エレキテルが あるじゃねーか!!
エレキテル?

TIME WARP memo
歴史《れきし》なるほどメモ④

江戸時代《えどじだい》に花開《はなひら》いた町人文化《ちょうにんぶんか》

① 上方《かみがた》の町人《ちょうにん》パワー!!

江戸時代《えどじだい》は、政治《せいじ》が安定《あんてい》し、経済《けいざい》が発展《はってん》したことから、江戸《えど》・大坂《おおさか》・京都《きょうと》の三都《さんと》など、都市《とし》が大《おお》きく成長《せいちょう》しました。そして、元禄《げんろく》（1688～1704年《ねん》）の頃《ころ》には、上方《かみがた》（大坂《おおさか》・京都《きょうと》など）の町人《ちょうにん》たちを中心《ちゅうしん》に〝元禄《げんろく》文化《ぶんか》〟が花開《はなひら》きました。

近松門左衛門作《ちかまつもんざえもんさく》「国性爺合戦《こくせんやかっせん》」
協力：人形浄瑠璃文楽座
写真：国立文楽劇場

人形浄瑠璃《にんぎょうじょうるり》・歌舞伎《かぶき》

人形《にんぎょう》を使《つか》った劇《げき》の人形浄瑠璃《にんぎょうじょうるり》と、成人男性《せいじんだんせい》による芝居《しばい》の歌舞《かぶ》伎《き》（→ 157 ページ）が大人気《だいにんき》に

浮世絵《うきよえ》

菱川師宣《ひしかわもろのぶ》画《が》
「見返《みかえ》り美人図《びじんず》」
元禄《げんろく》の頃《ころ》の浮世絵《うきよえ》の代表作《だいひょうさく》（→ 136 ページ）

Image：TNM Image Archives
東京国立博物館蔵

江戸時代《えどじだい》のキーパーソン 4

上方《かみがた》のカリスマライター
近松門左衛門《ちかまつもんざえもん》

★生没年《せいぼつねん》 1653 ～ 1724 年《ねん》

人形浄瑠璃《にんぎょうじょうるり》や歌舞伎《かぶき》の脚本《きゃくほん》でヒット作《さく》を連発《れんぱつ》。当時《とうじ》は脚本作家《きゃくほんさっか》の地位《ちい》が低《ひく》く、脚本《きゃくほん》に作家名《さっかめい》は記《しる》されなかった。しかし近松《ちかまつ》は自分《じぶん》の名《な》を記《しる》して、作家《さっか》の地位《ちい》を高《たか》めた。

東京大学史料編纂所所蔵模写

② 文化《ぶんか》の中心《ちゅうしん》は上方《かみがた》から江戸《えど》へ！

江戸《えど》は大《おお》きく発展《はってん》を続《つづ》けました。文化《ぶんか》・文政《ぶんせい》（1804〜1830年《ねん》）の頃《ころ》には、文化《ぶんか》の中心《ちゅうしん》も上方《かみがた》から江戸《えど》の町人《ちょうにん》に移《うつ》りました。この時期《じき》の文化《ぶんか》を〝化《か》政文化《せいぶんか》〟といいます。また、地方《ちほう》に文化《ぶんか》が広《ひろ》まったのも、この時期《じき》です。

小説《しょうせつ》

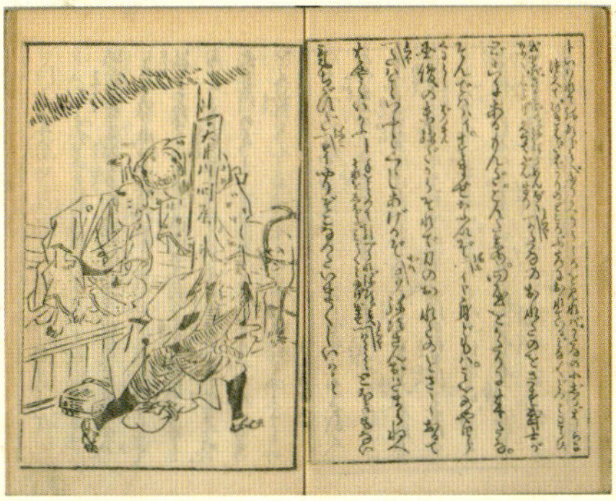

十返舎一九作《じっぺんしゃいっくさく》
『東海道中膝栗毛《とうかいどうちゅうひざくりげ》』
主人公《しゅじんこう》の弥次郎兵衛《やじろべえ》と喜多八《きたはち》が、失敗《しっぱい》を繰《く》り返《かえ》しながら旅《たび》をする物語《ものがたり》

国立国会図書館蔵

江戸時代《えどじだい》は
旅《たび》が大流行《だいりゅうこう》！
この本《ほん》を読《よ》んで
旅《たび》に出《で》た人《ひと》も
たくさんいたぜ

江戸時代《えどじだい》のキーパーソン 5

江戸時代《えどじだい》を代表《だいひょう》する大衆作家《たいしゅうさっか》

十返舎一九《じっぺんしゃいっく》

★生没年《せいぼつねん》 1765〜1831年《ねん》

『東海道中膝栗毛《とうかいどうちゅうひざくりげ》』は大人気《だいにんき》となり、20年《ねん》にわたって続編《ぞくへん》を書《か》き続《つづ》けた。ほかにもあらゆるジャンルの作品《さくひん》を書《か》き、作品《さくひん》の多《おお》さでは江戸時代《えどじだい》でもトップクラスだ。

早稲田大学図書館蔵

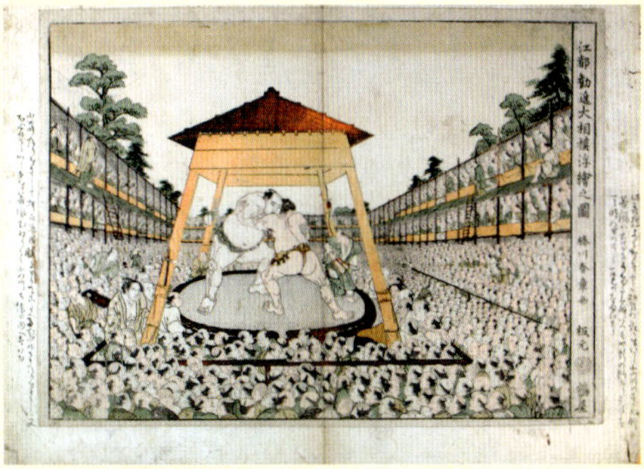

相撲《すもう》

相撲《すもう》は江戸時代《えどじだい》に、寺社《じしゃ》の建築《けんちく》などのお金《かね》を集《あつ》めるための「勧進相撲《かんじんずもう》」として発展《はってん》した。天明《てんめい》・寛政《かんせい》（1781〜1801年《ねん》）の頃《ころ》には、谷風《たにかぜ》、小野川《おのがわ》、雷電《らいでん》などの強豪力士《きょうごうりきし》が人気《にんき》だった

勝川春章画「江都勧進大相撲浮絵之図」

相撲博物館蔵

5章《しょう》 ゴエモンを追《お》え!!

おっ げんないさん
だだっ
すまねえ 待《ま》たせたな!
はぁ はぁ
これだ!
こいつがエレキテルさ!

おまえらがほしかったのは絶対《ぜったい》これだぜ！
ドン
おー
何《なに》が入《はい》ってるの？開《あ》けて開《あ》けてっ
わくわく
開《あ》けねえよ
なんでよ
この取《と》っ手《て》を回《まわ》すのさ！
ペっ
ペっ
まあ 見《み》てなって
ガッ
これ自体《じたい》がエレキテルだからな
えーーっ
はこじゃんっ

おりゃーっ
ぐるぐるぐる
んー
ぬ～～
ぐぐぐ
ぐるぐるぐるぐるっ
ぐおーっ
パチッ
お～！電気《でんき》だーっ!!

これっぽっち?
う〜ん足《た》りるでしょうか
んなこと……やってみなきゃわかんねーだろっ!
はぁ, はぁ, はぁ,
江戸《えど》っ子《こ》ならしのごの……言《い》うなってのっ
源内《げんない》さん
すごいです源内《げんない》さん!!
キラ キラ
どんなしくみなんですか!?
これ何《なに》に使《つか》うものなんですか!?
ポン
おまえさんだけは見《み》どころがあると思《おも》ってたぜ!
ぐいっ
よし!説明《せつめい》してやろう!

こいつはな もとはオランダで開発《かいはつ》された装置《そうち》でな
天才《てんさい》のオレでもしくみを調《しら》べて復元《ふくげん》するのに6年《ねん》かかったぜ
こいつの役割《やくわり》は気《き》の乱《みだ》れを正《ただ》すとされている
陰
陽
人間《にんげん》の体内《たいない》には陰《いん》の気《き》と陽《よう》の気《き》が流《なが》れてるって考《かんが》えられてな
陰《いん》と陽《よう》……初《はじ》めて聞《き》きました
その陽《よう》の気《き》を取《と》り出《だ》して病人《びょうにん》を癒《い》やすことができる装置《そうち》ってわけさ
そうなんですか! 面白《おもしろ》いですね
ちょっと これ借《か》りますね~
おっ? おう
がっ

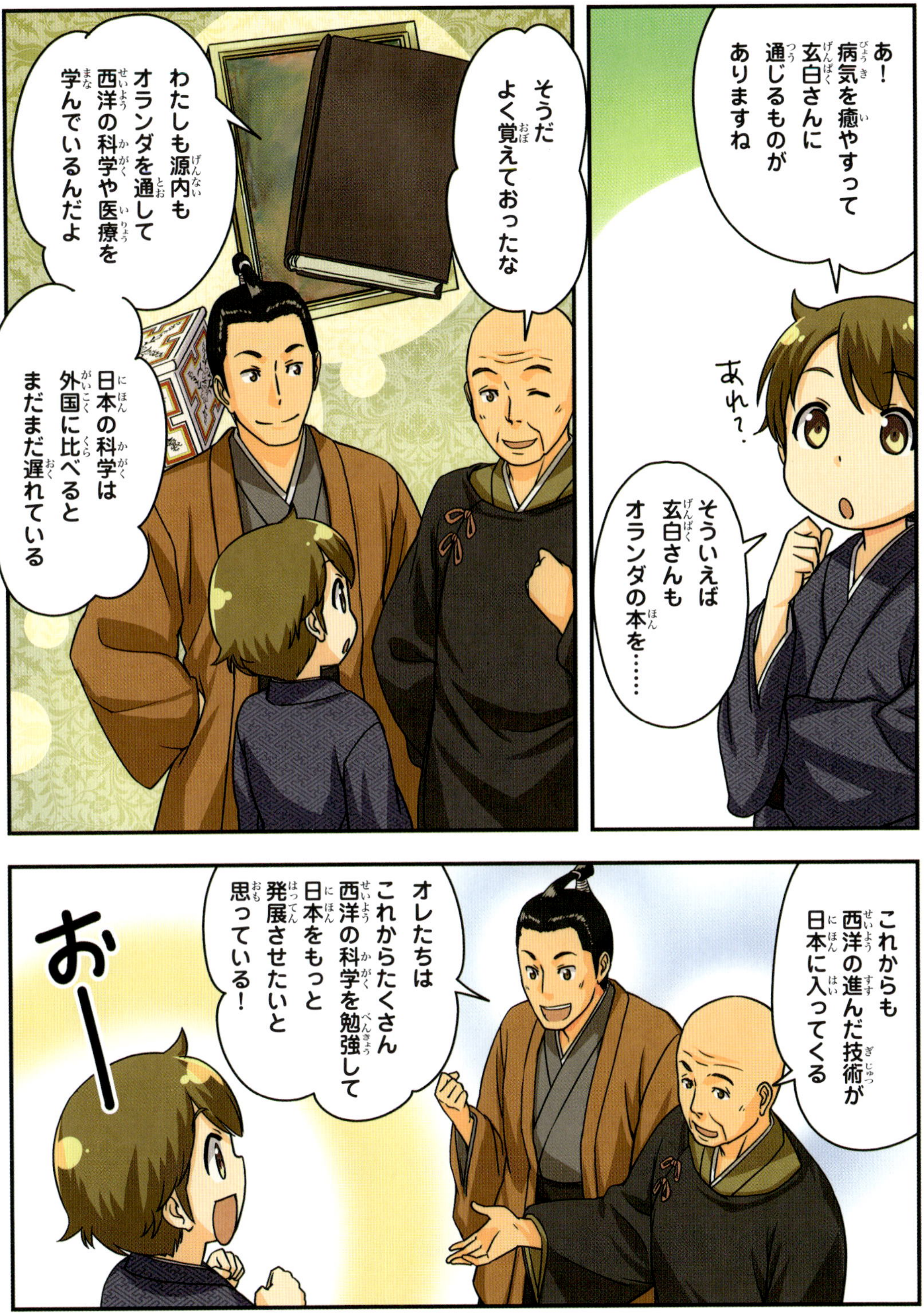
あ！病気《びょうき》を癒《い》やすって玄白《げんぱく》さんに通《つう》じるものがありますね
あれ？
そういえば玄白《げんぱく》さんもオランダの本《ほん》を……
そうだ よく覚《おぼ》えておったな
わたしも源内《げんない》もオランダを通《とお》して西洋《せいよう》の科学《かがく》や医療《いりょう》を学《まな》んでいるんだよ
日本《にほん》の科学《かがく》は外国《がいこく》に比《くら》べるとまだまだ遅《おく》れている
これからも西洋《せいよう》の進《すす》んだ技術《ぎじゅつ》が日本《にほん》に入《はい》ってくる
オレたちはこれからたくさん西洋《せいよう》の科学《かがく》を勉強《べんきょう》して日本《にほん》をもっと発展《はってん》させたいと思《おも》っている！
おー

ふたりとも
すごいんですね!
すごいかな?
おいおい
すごいに
決《き》まってるだろ
あはははは
もー
あははじゃ
な〜いっ!!
あのさー
目的《もくてき》を
忘《わす》れてない?
オレの講義《こうぎ》を
聞《き》くことだろ?
パシュ
ぐるじ…
ゴゴゴ
目的《もくてき》は!
なんだっけ!
タイムマシンを
動《うご》かすことです
よろしい

じゃあ ちゃんと持《も》っててね
はい！
ぐっ ぐっ
いくわよ～
ぐるぐるぐる
うにゅーーーっ!!
にゅにゅにゅにゅ～!!
にゅーーー!!
いけるか!?
バチバチ

ぐらっ
おっ
オオオーー
浮《う》いた……？
ん!?
動《うご》いてるよな？
おお!?
いかにも！
おかげさまで
大成功《だいせいこう》です！
やったーっ
大人《おとな》のみなさん
すみませんが
降《お》りていただけますか？
飛《と》びますので
そうか……
ケガしない
ようにな
では
ゴエモンを
頼《たの》んだぞ

源内《げんない》
降《お》りるぞ
やだね！
オレは残《のこ》る！
あ
ピッ
みゃん
あ、っ

ドドスッ
ぐえっ
頼《たの》む！
ぐぐっ
日本《にほん》の未来《みらい》が見《み》たいんだっ！
お願《ねが》いだっ！オレも連《つ》れてってくれ!!
だめです
どうして!?
おしり触《さわ》るような人《ひと》はおことわり！
時空警察《じくうけいさつ》ではできるだけ元《もと》の時空間《じくうかん》を乱《みだ》さないという規則《きそく》があるんでっ！
すみません……
お…

みなさーん
いろいろありがとうございました～！
キュン
消《き》えた……
行《い》っちまったか
くそっ あのやろう！
……未来《みらい》は
どんな世界《せかい》なんだろうな？

TIME WARP memo
歴史《れきし》なるほどメモ⑤

西洋《せいよう》から学《まな》べ! 蘭学《らんがく》の発展《はってん》

①西洋《せいよう》の学問《がくもん》はオランダから

江戸時代《えどじだい》、ヨーロッパ(西洋《せいよう》)の学問《がくもん》を蘭学《らんがく》(洋学《ようがく》)といいました。蘭《らん》とはオランダのことです。江戸時代《えどじだい》はキリスト教《きょう》が禁止《きんし》され、外国《がいこく》との交流《こうりゅう》は制限《せいげん》されました。

しかし、オランダはキリスト教《きょう》を広《ひろ》めないと約束《やくそく》したので、長崎《ながさき》の出島《でじま》でのみ、交流《こうりゅう》が認《みと》められました。西洋文化《せいようぶんか》はオランダから入《はい》ってきたのです。

②蘭学《らんがく》を盛《さか》んにした徳川吉宗《とくがわよしむね》

8代将軍《だいしょうぐん》の徳川吉宗《とくがわよしむね》は、キリスト教《きょう》に関係《かんけい》ない西洋《せいよう》の書物《しょもつ》にかぎり、輸入《ゆにゅう》を認《みと》めました。これにより西洋《せいよう》の学問《がくもん》を採《と》り入《い》れようとする人《ひと》たちが増《ふ》え、蘭学《らんがく》がたいへん盛《さか》んになりました。

江戸《えど》のオランダ「長崎屋《ながさきや》」
出島《でじま》のオランダ商館長《しょうかんちょう》は、年《ねん》に1度《ど》、江戸《えど》に出《で》て「長崎屋《ながさきや》」で過《す》ごした。この時《とき》、たくさんの知識人《ちしきじん》がここに通《かよ》った
葛飾北斎画「画本東都遊」
国立国会図書館蔵

③杉田玄白《すぎたげんぱく》と『解体新書《かいたいしんしょ》』

杉田玄白《すぎたげんぱく》は、西洋《せいよう》の人体解剖書《じんたいかいぼうしょ》『ターヘル・アナトミア』を見《み》て、東洋《とうよう》の医学《いがく》とはまったく違《ちが》うことに衝撃《しょうげき》を受《う》けました。そして、仲間《なかま》とオランダ語《ご》で書《か》かれたその本《ほん》の翻訳《ほんやく》に挑《いど》みます。まず、アルファベットを覚《おぼ》えるところからはじめなくてはなりませんでした。

そして4年《ねん》の歳月《さいげつ》をかけ、たいへんな苦労《くろう》のすえに翻訳《ほんやく》は完成《かんせい》し、1774(安永《あんえい》3)年《ねん》、仲間《なかま》と『解《かい》体新書《たいしんしょ》』を出版《しゅっぱん》しました。

江戸時代《えどじだい》のキーパーソン 6

江戸《えど》のカリスマ蘭方医《らんぽうい》

杉田玄白《すぎたげんぱく》

★生没年《せいぼつねん》 1733～1817年《ねん》
西洋医学《せいよういがく》を学《まな》んだ医者《いしゃ》の蘭方医《らんぽうい》。玄白《げんぱく》たちが『解体新書《かいたいしんしょ》』を出版《しゅっぱん》すると、急激《きゅうげき》に西洋《せいよう》の知識《ちしき》が広《ひろ》まった。玄白《げんぱく》はカリスマ蘭方医《らんぽうい》として、世間《せけん》にもてはやされた。

東京大学史料編纂所所蔵模写

④平賀源内《ひらがげんない》とエレキテル

平賀源内《ひらがげんない》はさまざまな分野《ぶんや》で才能《さいのう》を発揮《はっき》した人物《じんぶつ》で、杉田玄白《すぎたげんぱく》とは大親友《だいしんゆう》でした。

人形浄瑠璃《にんぎょうじょうるり》の台本《だいほん》を書《か》き、源内焼《げんないやき》という陶磁器《とうじき》を故郷《こきょう》の陶工《とうこう》につくらせ、燃《も》えない布《ぬの》・火浣布《かかんぷ》を発明《はつめい》。また、全国《ぜんこく》から薬《くすり》の材料《ざいりょう》となる植物《しょくぶつ》や動物《どうぶつ》を集《あつ》めて「薬品会《やくひんえ》」（物産会《ぶっさんかい》）を開《ひら》くなどして活躍《かつやく》しました。

特《とく》に有名《ゆうめい》なのが、1776（安永《あんえい》5）年《ねん》、エレキテルの復元《ふくげん》に成功《せいこう》し、見世物《みせもの》としても大人気《だいにんき》となったことです。これで江戸《えど》の大《だい》スターになりました。

江戸時代《えどじだい》のキーパーソン 7

江戸《えど》のマルチクリエーター

平賀源内《ひらがげんない》

★生没年《せいぼつねん》 1728 ～ 1780 年《ねん》

讃岐国《さぬきのくに》（香川県《かがわけん》）の下級武士《かきゅうぶし》の出身《しゅっしん》。長崎《ながさき》で西洋文化《せいようぶんか》に出合《であ》い、江戸《えど》に出《で》て活躍《かつやく》した。しかし晩年《ばんねん》、自宅《じたく》で誤《あやま》って人《ひと》を殺《ころ》してしまい、獄中《ごくちゅう》で病死《びょうし》した。

東京大学史料編纂所所蔵模写

源内《げんない》が復元《ふくげん》したエレキテル

源内《げんない》は復元《ふくげん》に成功《せいこう》しただけでなく、自分《じぶん》でも 15 台《だい》のエレキテルを製作《せいさく》した

郵政博物館蔵

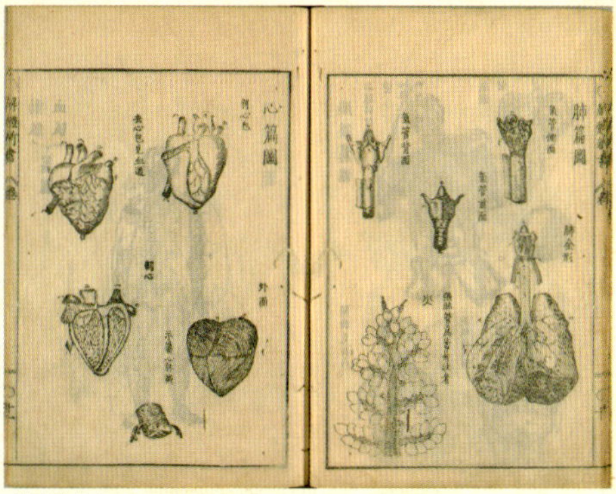

『解体新書《かいたいしんしょ》』

『解体新書《かいたいしんしょ》』の図版《ずはん》は、平賀源内《ひらがげんない》の弟子《でし》で洋画《ようが》を学《まな》んだ小田野直武《おだのなおたけ》が描《か》いた

国立国会図書館蔵

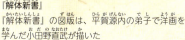

6章《しょう》
売《う》れっ子絵師《こえし》!?
葛飾北斎《かつしかほくさい》

到着《とうちゃく》〜
ブゥゥン

とりあえず50年《ねん》ほど飛《と》んでみたが
町《まち》の感《かん》じはさっきとあんまり変《か》わってね〜な

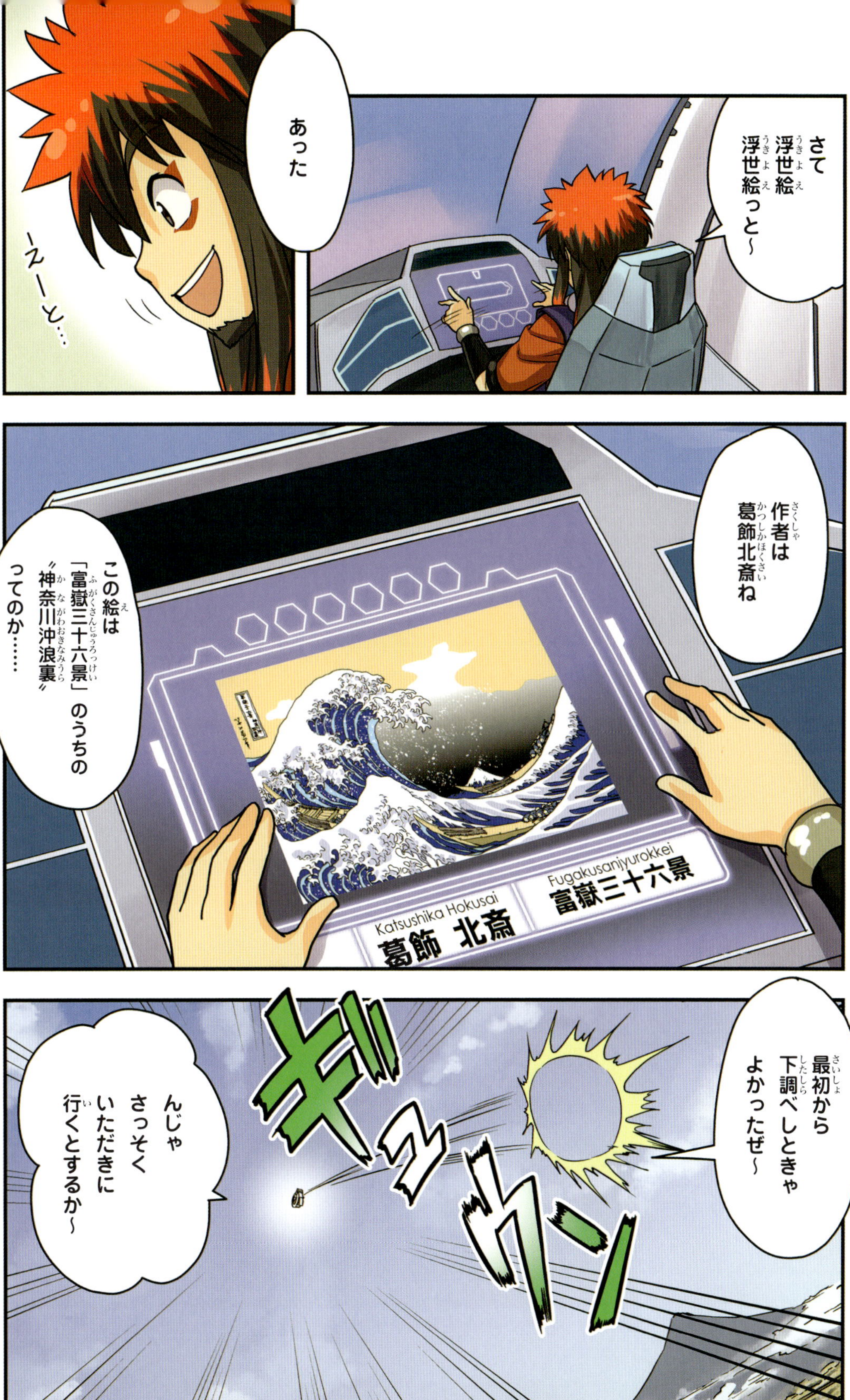
さて浮世絵《うきよえ》浮世絵《うきよえ》っと～
あった
えーと…
作者《さくしゃ》は葛飾北斎《かつしかほくさい》ね
この絵《え》は「富嶽三十六景《ふがくさんじゅうろっけい》」のうちの“神奈川沖浪裏《かながわおきなみうら》”ってのか……
Fugakusanjyurokkei
富嶽三十六景
Katsushika Hokusai
葛飾 北斎
最初《さいしょ》から下調《したしら》べしときゃよかったぜ～
ギュウン
んじゃさっそくいただきに行《い》くとするか～

このへんなんだが……
あったあった
よっと
スタッ
なんだかきたねえ家《いえ》だな
うわゴミだらけじゃねーか
ほんとにここなのか？
そぉ～
ほ～……すごい絵《え》だ！

もあっ
あ～～ん？ あんだ おめえ
ふで？
うっくせぇ…
葛飾北斎《かつしかほくさい》
オ…… オレは大泥棒《おおどろぼう》・ゴエモンだ！
こいつほんとうにホクサイか？
あんたの絵《え》を いただきにきた！
ポンッ
ほう…… わしの絵《え》が ほしいのか……
パサッ
ほら 持《も》っていけ

おいおい
大事《だいじ》な絵《え》を
投《な》げんなよっ
まったく…
ん？
ていやーっ！
いてててて
バタバタ
なんだよ
いきなりっ！

泥棒《どろぼう》をぶったたいて何《なに》が悪《わる》いっ！
北斎《ほくさい》の娘《むすめ》・阿栄《おえい》
泥棒《どろぼう》なんかしてねーよ
あいつが持《も》ってけって言《い》ったんだぜ
あ～ん？
ずレっ
いいのかい？おとっつぁん
かまわねえよ

ついでに 阿栄《おえい》
そこいらのやつも 持《も》ってってもらえ
だとさ ぱっぱと 拾《ひろ》っとくれ
やった〜！
おお！ あった！
これ！ この絵《え》だよ！ “波《なみ》がざぶ〜ん”
これも いいのかい？
しーん
持《も》っていきな
よいしょ
はいよ これも どうぞ！
ドサッ
おお！ すげーな 宝《たから》の山《やま》じゃねーか！

わははは！ありがとよ！じゃあな！
……物好《ものず》きもいたもんだねえ
たんた たった
版画《はんが》を拾《ひろ》い集《あつ》めたってたいしたお金《かね》にならないのに
あれかねえ相当困《そうとうこま》ってたのかねえ？ まあしばらくは食《た》べられるかもだけど……
まあ おかげでだいぶすっきりしたねえ
汚《よご》しすぎると引《ひ》っ越《こ》ししなくちゃいけなくなるからちょうどいい頃合《ころあ》いだったわ
これでしばらく ここにいられそうだね
そういうこった

ギューン!
ゴエモンの狙《ねら》いは北斎《ほくさい》の〝神奈川沖浪裏《かながわおきなみうら》〟
とすれば1830年頃《ねんごろ》にタイムワープしたはずですが……
ゴゴ
キャッ!
何《なに》?この揺《ゆ》れ!?

動作《どうさ》が不安定《ふあんてい》です……
電気《でんき》ショックが足《た》りなかった……？
無事《ぶじ》に着《つ》きますか!?
ちょっと待《ま》ってくださいね
ビー
ビー
ゴゴゴッ
ゴゴゴッ
この音《おと》は……
えーと……
みなさんつかまってくださーーい！
いや～っ!!
目《め》がまわる～!!
グル
グル
グル
グル

たくさん お宝《たから》が集《あつ》まったぞ!
さっさと 未来《みらい》に……
あ?
あ……
あーーっ!!

いたたた
なんとか助《たす》かった？
うまいこと何《なに》かがクッションになってくれたようですね……
ピョン
あれ……？
これって……
わたしのタイムマシンがーーっ!!
あーーッ!!!
ぐしゃ…

完《かん》！　全《ぜん》！　に！
つぶれてる……
みたいですね……
なんだ なんだ
あ でもほら ちゃんと ゴエモンを追《お》って こられたってことよね！
ついでに 逃《に》げる足《あし》も つぶした
ピクッ
ちょっと状況《じょうきょう》を 整理《せいり》しましょ
ゴエモンのもとには たどりつけた
しかし タイムマシンは どっちも動《うご》きません
なるほど そう考《かんが》えるように しましょう
おっ
たちなおった

ってことは
ゴエモンを
捕《つか》まえても……
そうか！
わたしたちも
帰《かえ》れないじゃん
また
動《うご》かせる？
う〜ん
未来《みらい》に帰《かえ》るには
かなりの数《かず》の
エレキテルで
電気《でんき》ショックを与《あた》える
必要《ひつよう》がありますね
20〜30台《だい》ぐらいで……
ほう……
エレキテルねえ
あいつらより先《さき》に
たくさん集《あつ》めりゃ
未来《みらい》に帰《かえ》れるわけだな……
よし！
善《ぜん》は急《いそ》げだ！
ピョーン
ピョン

江戸《えど》の時間《じかん》とちょんまげのひみつ

① 現代《げんだい》とは違《ちが》う江戸《えど》時代《じだい》の時間《じかん》

現代《げんだい》のわたしたちが使《つか》っている時間《じかん》は、1日《にち》が24時《じ》間《かん》、1時間《じかん》が60分《ぷん》、1分《ぷん》は60秒《びょう》と決《き》まっています。けれども、江戸《えど》時代《じだい》の時間《じかん》は、季節《きせつ》によって違《ちが》っていました。人々《ひとびと》は日《ひ》が昇《のぼ》ると動《うご》きだし、日《ひ》が沈《しず》んだら休《やす》むというように、自然《しぜん》に合《あ》わせて暮《く》らしていました。

江戸《えど》時代《じだい》の時間《じかん》のひみつ!

江戸《えど》時代《じだい》の時間《じかん》は、日《ひ》の出《で》と日《ひ》の入《い》りを基準《きじゅん》に、昼《ひる》と夜《よる》をそれぞれ6等分《とうぶん》したものです。6等分《とうぶん》したひとつを一刻《いっとき》（一時《いっとき》とも）といいますが、夏《なつ》と冬《ふゆ》では一刻《いっとき》の長《なが》さがずいぶんと変《か》わります。一刻《いっとき》は「子《ね》、丑《うし》、寅《とら》、卯《う》、辰《たつ》……」と、干支《えと》を使《つか》って表《あらわ》す方法《ほうほう》と、「九《ここの》つ、八《や》つ、七《なな》つ、六《む》つ、五《いつ》つ、四《よ》つ」と、数《かず》を使《つか》って表《あらわ》す方法《ほうほう》がありました。

夏《なつ》の時間《じかん》

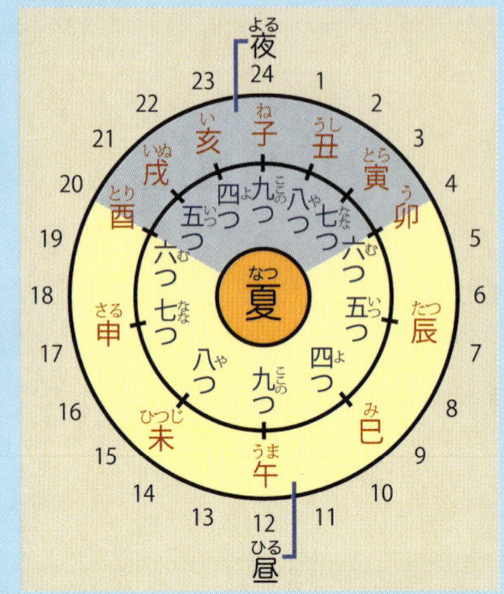
夜《よる》
24 1 2 3 4 5 6 7 8 9 10 11 12 13 14 15 16 17 18 19 20 21 22 23
子《ね》 丑《うし》 寅《とら》 卯《う》 辰《たつ》 巳《み》 午《うま》 未《ひつじ》 申《さる》 酉《とり》 戌《いぬ》 亥《い》
九つ 八つ 七つ 六つ 五つ 四つ 九つ 八つ 七つ 六つ 五つ 四つ
夏《なつ》
昼《ひる》

冬《ふゆ》の時間《じかん》

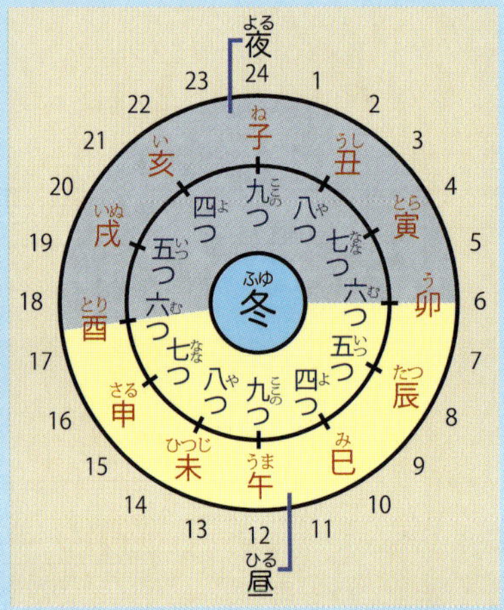
夜《よる》
24 1 2 3 4 5 6 7 8 9 10 11 12 13 14 15 16 17 18 19 20 21 22 23
子《ね》 丑《うし》 寅《とら》 卯《う》 辰《たつ》 巳《み》 午《うま》 未《ひつじ》 申《さる》 酉《とり》 戌《いぬ》 亥《い》
九つ 八つ 七つ 六つ 五つ 四つ 九つ 八つ 七つ 六つ 五つ 四つ
冬《ふゆ》
昼《ひる》

昼《ひる》の12時《じ》なら「午《うま》の刻《こく》」や「昼九《ひるここの》つ」というふうに言《い》うよ
昼《ひる》も夜《よる》も九《ここの》つから減《へ》っていくのは「9」が縁起《えんぎ》のいい数《かず》とされていたからさ

② ちょんまげは大人《おとな》のあかし

江戸《えど》時代《じだい》の男性《だんせい》の髪形《かみがた》といえば、ちょんまげ。本《ほん》来《らい》、ちょんまげとは「小《ちい》さいまげ」のことをいいます。江戸《えど》時代《じだい》の男子《だんし》は15、16歳《さい》になると前髪《まえがみ》をそり落《お》として、まげを結《ゆ》いました。これが大人《おとな》のあかしです。まげの形《かたち》で自分《じぶん》の個性《こせい》を出《だ》しました。

子《こ》どもの髪形《かみがた》のひみつ!

子《こ》どもは成長《せいちょう》に合《あ》わせて髪形《かみがた》を変《か》えていました。これは7、8歳《さい》頃《ごろ》の髪形《かみがた》です。

男子《だんし》
てっぺんをそり、後《うし》ろ髪《がみ》をのばして結《ゆ》う

女子《じょし》
前髪《まえがみ》をのばして、立《た》てて結《ゆ》う。耳《みみ》の上《うえ》の髪《かみ》と後《うし》ろ髪《がみ》をのばす

いろんなちょんまげがあるね!

いろいろなちょんまげ

男《おとこ》まげ
代表的《だいひょうてき》な男性《だんせい》のまげ。2つ折《お》りの形《かたち》

朗君風《ろうくんふう》
まげが太《ふと》い。大名《だいみょう》の息子《むすこ》がよくしていた

茶筅《ちゃせん》まげ
まげを立《た》たせる。茶道具《ちゃどうぐ》の茶筅《ちゃせん》に似《に》ていることからの呼《よ》び名《な》

三《み》つ折《お》り返《がえ》し
小《ちい》さいまげ。いわゆるちょんまげ

辰松風《たつまつふう》
まげの先《さき》をとがらせる。辰松八郎兵衛《たつまつはちろべえ》という人《ひと》がはじめたという

バチびん
耳《みみ》の上《うえ》の髪《かみ》が三味線《しゃみせん》のバチのような形《かたち》

大銀杏《おおいちょう》
毛先《けさき》を大《おお》きく広《ひろ》げる。今《いま》のお相撲《すもう》さんの髪形《かみがた》の原形《げんけい》

糸《いと》びん
耳《みみ》の上《うえ》の髪《かみ》を細《ほそ》く残《のこ》している

7章《しょう》 トキオが浮世絵《うきよえ》の師匠《ししょう》!?

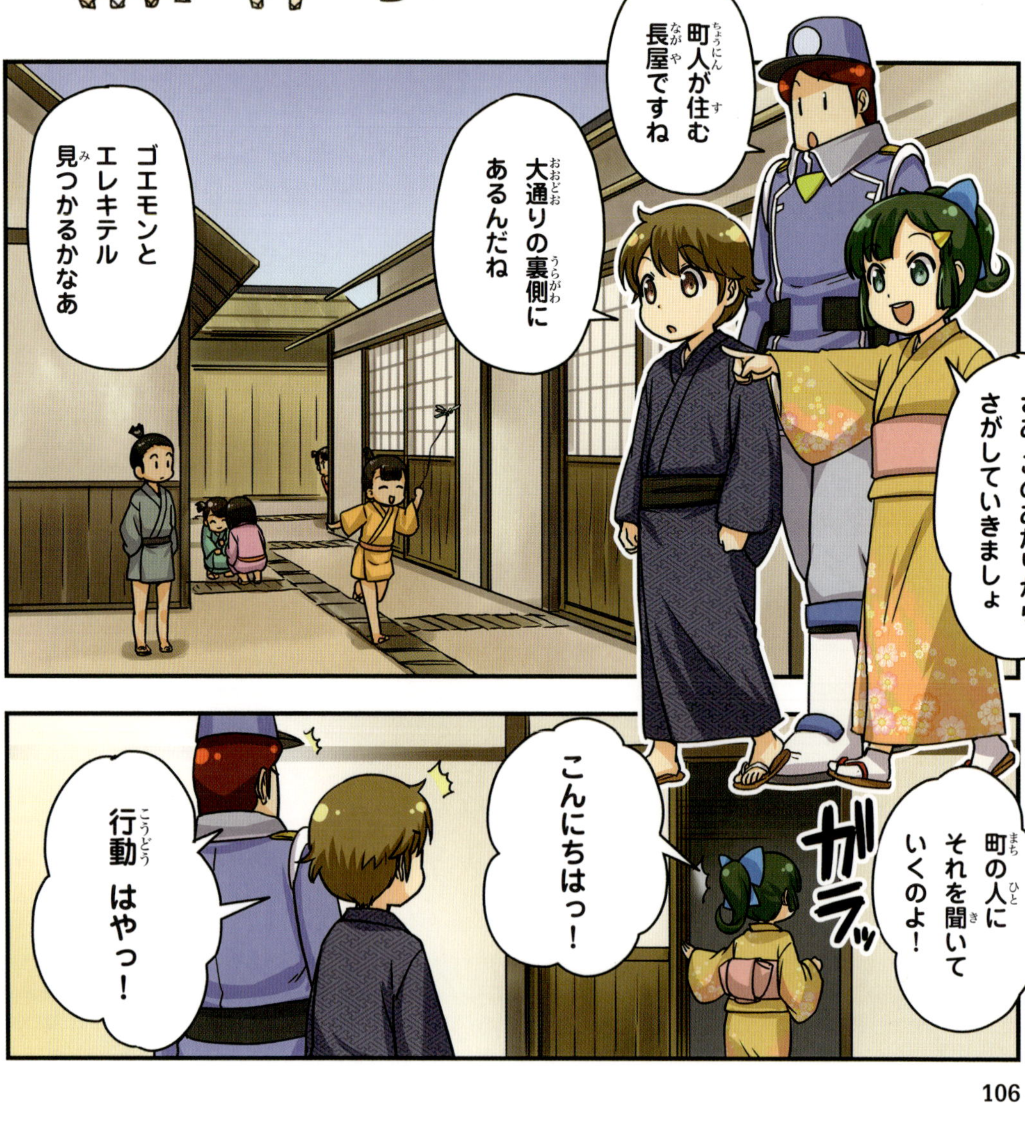
町人《ちょうにん》が住《す》む長屋《ながや》ですね
大通《おおどお》りの裏側《うらがわ》にあるんだね
ゴエモンとエレキテル見《み》つかるかなあ
さあ このあたりから さがしていきましょ
町《まち》の人《ひと》にそれを聞《き》いていくのよ!
ガラッ
こんにちはっ!
行動《こうどう》 はやっ!

なんだいお嬢《じょう》ちゃん?
今日《きょう》はお客《きゃく》さんが多《おお》いねえ
エレキテルってどこにあるか知《し》ってますか?
エレキテル?
こういう四角《しかく》い箱《はこ》で
サッ
サッ
ぐるぐる回《まわ》すハンドルがついててバチッてなる
グルグルグル
ばっ
あらかわいい
そういえば昔《むかし》そんなもんもあったねえ
おとっつぁん知《し》ってるかい?
知《し》らん

じゃあ この男《おとこ》を見《み》なかった？
人相書《にんそうがき》
泥棒《どろぼう》 五右衛門《ごえもん》
さっ
ああ ついさっきまで いたよ
ふぁ〜
えーーっ!!
部屋中《へやじゅう》に 散《ち》らかってた版画《はんが》を うれしそうに拾《ひろ》って 出《で》ていったよ
ふ…
ん……？
おい！
ガバッ
その手配書《てはいしょ》 ちょっと見《み》せてくれ！
ズダダッ
はいっ！

この人相書《にんそうが》き……
間違《まちが》いねえっ！
リン だいじょーぶ？
いったい こいつを どこで……
これは まさかの 師匠《ししょう》——っ!!

なぜ まだ
子《こ》どものままなのか
わかりませんが……
ギュー
また
会《あ》えるとは！
う……
息《いき》が……
においが……
カク…
ダメだ……
師《し》匠《しょう》？
どうなさったん
ですか!?
師《し》匠《しょう》ーーっ!!
においだよね
絶《ぜっ》対《たい》……
たいへん
申《もう》し訳《わけ》ない
喜《よろこ》びのあまり
つい……
ふかぶか
ふろに
はいってない
もんで…
いえ
もう大《だい》丈《じょう》夫《ぶ》
ですから

わしが大切《たいせつ》にしてきた絵《え》がありましてな……
これはあなたが描《か》いたものではないですか？
スッ
あっ これはボクが番小屋《ばんごや》で描《か》いた……
やはりそうでしたか！わしが若《わか》い頃《ころ》番小屋《ばんごや》の前《まえ》で拾《ひろ》ったのです
さっきの人相書《にんそうが》きといいもしやと思《おも》ってみれば……
ちょっと待《ま》って！もしかして本屋《ほんや》さんで印刷《いんさつ》の説明《せつめい》をしてくれた人《ひと》？
えっ
おはずかしいまだかけ出《だ》しの小僧《こぞう》でしたな
ししょうはかわらずびっくりですが
あの時《とき》の人《ひと》が……
こうなるのか……
この北斎《ほくさい》あの時《とき》から今《いま》まで師匠《ししょう》の絵《え》を目指《めざ》して頑張《がんば》ってきました
え？

え？葛飾北斎《かつしかほくさい》さん？
いかにも わしは北斎《ほくさい》ですが
ばっ
ぱあっ
なんかイメージが…
ささっ
師匠《ししょう》！どうか わしに このような絵《え》の描《か》き方《かた》を教《おし》えてください！
や……やめてください！この絵《え》 もともとは北斎《ほくさい》さんの絵《え》なんですよ！
何《なに》をおっしゃる師匠《ししょう》！
わしはこの絵《え》を写《うつ》しただけですぞ
いやだからトキオですっ
やめてください
いえいえ ししょうは ししょーうですー
ややこしいことになってる……
タイムワープの問題点《もんだいてん》みたいなやつです……

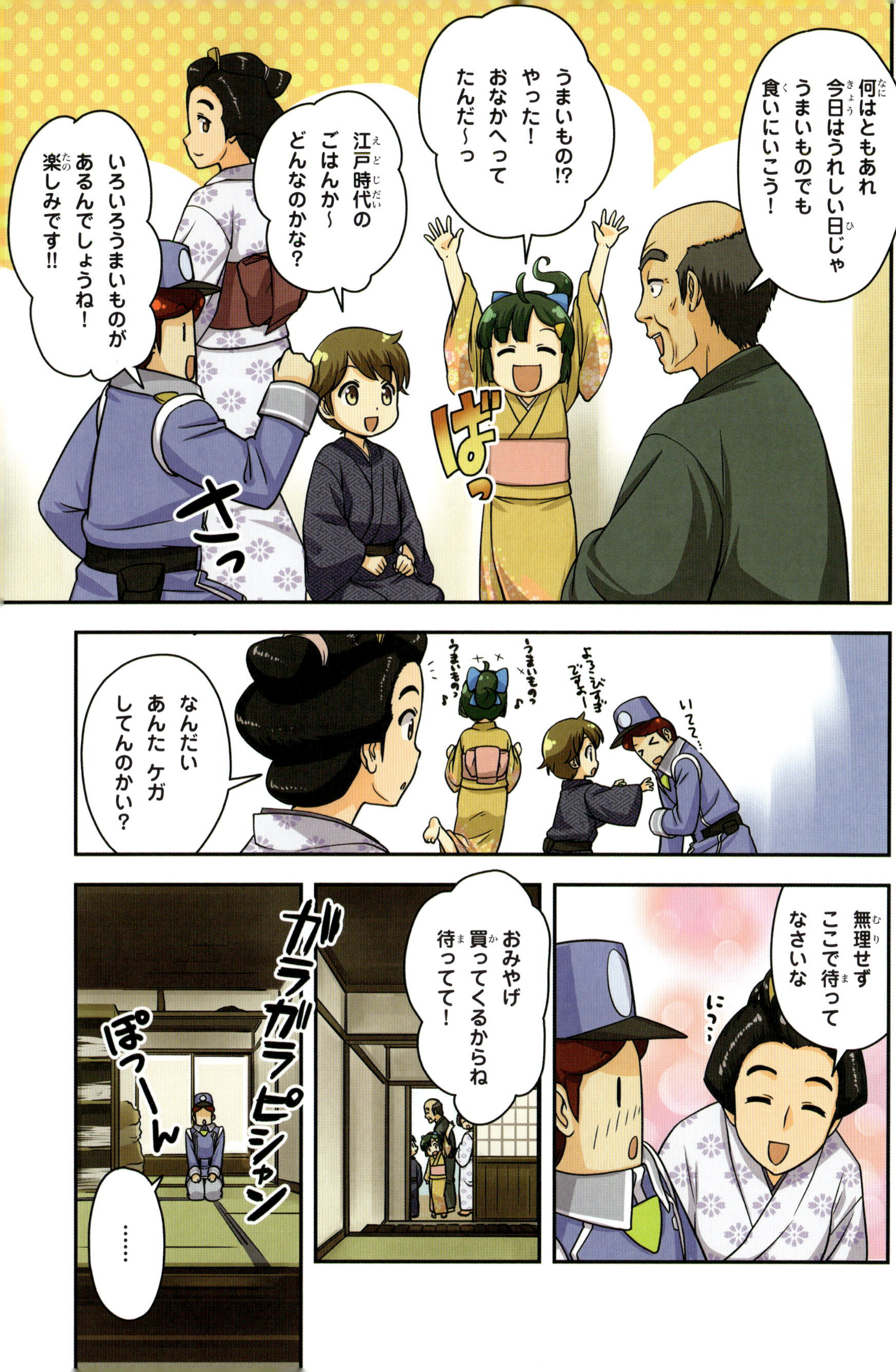
何《なに》はともあれ今日《きょう》はうれしい日《ひ》じゃうまいものでも食《く》いにいこう!
うまいもの!? やった! おなかへってたんだ〜っ
江戸時代《えどじだい》のごはんか〜 どんなのかな?
いろいろうまいものがあるんでしょうね! 楽《たの》しみです!!
ばっ
さっ
いてて…
よろこびすぎですよー!
うまいもの〜♪
うまいもの〜♪
なんだい あんた ケガしてんのかい?
無理《むり》せず ここで待《ま》ってなさいな
にっ…
おみやげ買《か》ってくるからね 待《ま》ってて!
ガラガラピシャン
ぽつーん
……

わー!!
食《た》べ物《もの》の
屋台《やたい》がいっぱい！
リンちゃん
だったよね
好《す》きな食《た》べ物《もの》は？
なんでも大好《だいす》き！
好《す》き嫌《きら》いないから！
トキオ師匠《ししょう》は？
だから
師匠《ししょう》はやめて
くださいよー
トキオでいいですから
呼《よ》び捨《す》てなんて
とんでもない
ずいっ
師匠《ししょう》は師匠《ししょう》です
だからーー！っ
おとっつぁん
またやってるし

あっ
てんぷらだ
おいしそー!!
こっちは
おそばだ〜!!
二八
あっちはおすし!
ウナギも!
焼《や》きイカだ!
すごーい!
お祭《まつ》りみたい!
へー
ボクらがよく知《し》ってる
食《た》べ物《もの》は 江戸時代《えどじだい》から
あったのか……
はしったら
あぶないよ
わーっ

もーっ
もー まよっちゃうな! どーしよう!?
江戸《えど》の町《まち》は 屋台《やたい》が たくさんあるからね わたしだって まよっちゃうわ
はっはっは
まような まような!
かたっぱしから 食《く》いまくるぞ!
だっ
ついて こられるかな?
絶対《ぜったい》 負《ま》けない!
ダダッ
よ～し! 最初《さいしょ》はてんぷらだ!
江戸前《えどまえ》だから うまいぞ～
江戸前《えどまえ》って?
くださーい
あいよっ
江戸《えど》の海《うみ》でとれた ものってことさ
ネタは新鮮《しんせん》! あいよ! お待《ま》ちどう!
んー
おいしーい!
揚《あ》げたてだ

次《つぎ》は
おすし行《い》こ!
うわ!
でっか!
でーん
おにぎり
みたい
昔《むかし》のおすしって
シャリが赤《あか》いんだね
赤酢《あかず》の色《いろ》さ
どうだい味《あじ》は?
もぐ
もぐ
ちょー
おいしい!

もぐ
あ〜!
たくさん食《た》べられてしあわせ〜!
江戸《えど》のごはんってボクの好《す》きなものばっかりだ!
師匠《ししょう》じつに楽《たの》しいですな!
はい!こんなにいっぱいおいしいものがあってびっくりしました
江戸《えど》は将軍様《しょうぐんさま》のおひざ元《もと》だからね全国《ぜんこく》からいろんなものが集《あつ》まってくるの
おいしい食《た》べ物《もの》もたくさん

じゃあ エレキテルもあるよね きっと
エレキテル…… そうじゃなあ どこかの店《みせ》か 武家屋敷《ぶけやしき》か……
探《さが》せるところは 全部《ぜんぶ》探《さが》そう
よ～し！
ぱっ
おなかも いっぱいだ！
探《さが》すぞ～！ 出《で》てこい エレキテル！

花《はな》のお江戸《えど》は大《おお》にぎわい！

江戸《えど》の町《まち》は楽《たの》しさいっぱい！

江戸《えど》の大通《おおどお》りは、大小《だいしょう》さまざまな店《みせ》が立《た》ち並《なら》び、たいへんなにぎわいでした。町人《ちょうにん》たちは芝居《しばい》や見世物《みせもの》小屋《こや》見物《けんぶつ》で楽《たの》しみ、お風呂《ふろ》や居酒屋《いざかや》で語《かた》り合《あ》いました。また、月見《つきみ》や花火《はなび》などの楽《たの》しい行事《ぎょうじ》もありました。浮世絵《うきよえ》から当時《とうじ》の江戸《えど》のにぎわいを見《み》てみましょう。

←多《おお》くの店《みせ》が立《た》ち並《なら》ぶ大通《おおどお》り

薬屋《くすりや》
傘《かさ》と雪駄屋《せったや》
菓子屋《かしや》の屋台《やたい》
みそ売《う》り

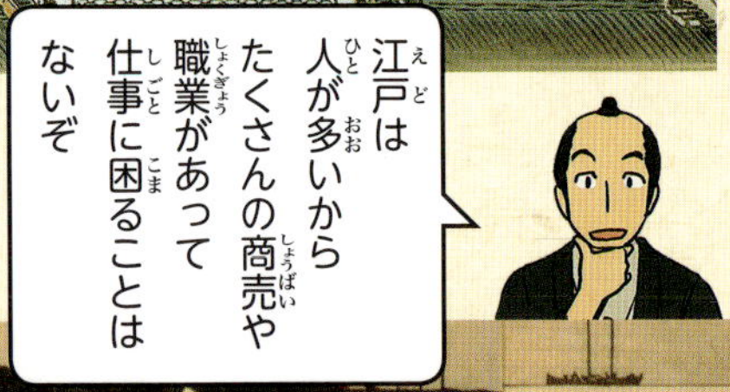
江戸《えど》は
人《ひと》が多《おお》いから
たくさんの商売《しょうばい》や
職業《しょくぎょう》があって
仕事《しごと》に困《こま》ることは
ないぞ

←屋台《やたい》がたくさん。月見《つきみ》の行事《ぎょうじ》

てんぷら
すし
そば
焼《や》きイカ

歌川広重画「東都名所高輪廿六夜待遊興之図」江戸東京博物館蔵
Image：東京都歴史文化財団イメージアーカイブ

「熙代勝覧」から　ベルリン・国立アジア美術館蔵
Photo AMF/DNPartcom/©bpk/Museum für Asiatische Kunst,SMB/Jürgen Liepe

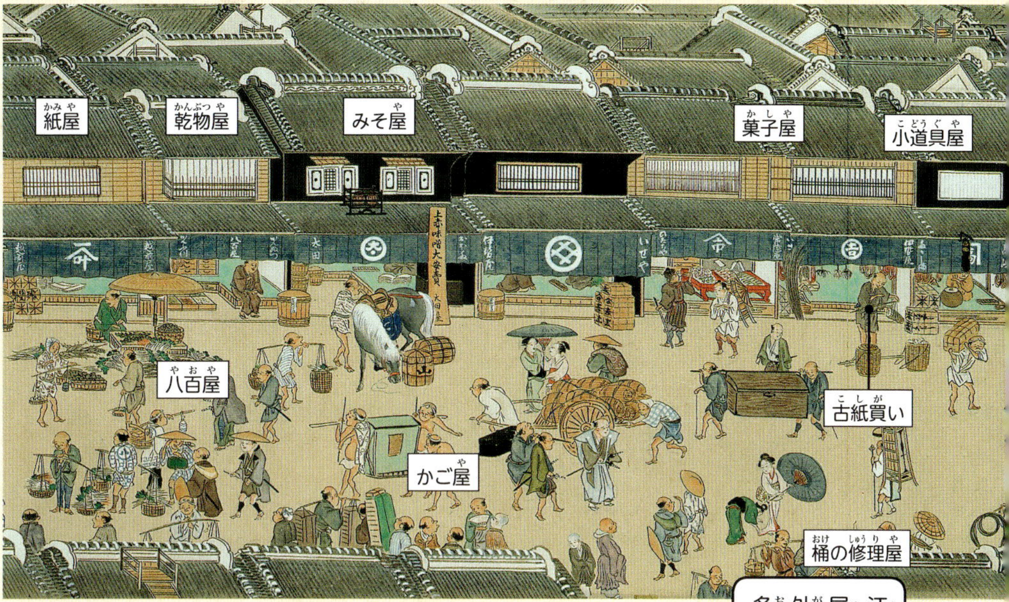

紙屋《かみや》
乾物屋《かんぶつや》
みそ屋《や》
菓子屋《かしや》
小道具屋《こどうぐや》
八百屋《やおや》
古紙買《こしが》い
かご屋《や》
桶《おけ》の修理屋《しゅうりや》

江戸《えど》の人《ひと》は屋台《やたい》で外食《がいしょく》することが多《おお》いんだって！

花火《はなび》の時《とき》のかけ声《ごえ》「たまや」「かぎや」は、江戸時代《えどじだい》の花火師《はなびし》の屋号《やごう》（ブランド）だ
かーぎやー
たーまやー

歌川広重画「名所江戸百景 両国花火」国立国会図書館蔵

←屋形船《やかたぶね》や橋《はし》から見物《けんぶつ》。花火大会《はなびたいかい》

しるこ
だんご

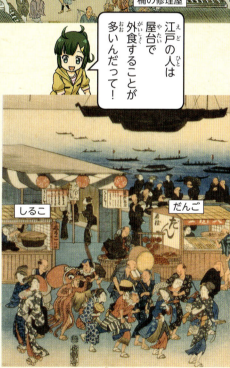

8章《しょう》 自分《じぶん》の力《ちから》でお金《かね》をかせげ！

せともの屋《や》さん
かさ屋《や》さん
服《ふく》屋《や》さん
古《ふる》着《ぎ》屋《や》さんじゃな
庶民《しょみん》は新《あたら》しい服《ふく》なんかなかなか買《か》えんから古《ふる》着《ぎ》を買《か》うんじゃ
それでどこに行《い》くの?
ああ阿栄《おえい》が言《い》うには……

この先《さき》に
古道具屋《ふるどうぐや》さんがあるから
そこを見《み》てみたら?
江戸《えど》の人《ひと》は
ものを大切《たいせつ》にするから
きっとあるはずよ
わたしはちょっと
用事《ようじ》があるから
またね～
という……
金魚屋《きんぎょや》さんだ!
きんぎょー
えー
きんぎょ～
みせてー
ひゅん
リンちゃんは
うちの
阿栄《おえい》より
自由《じゆう》ですなあ
ええ……
おー
おっ!
どうやら
ここのようじゃ
古道具

じゃまするよ
ごちゃごちゃしたお店《みせ》ね……
いらっしゃい
何《なに》かお探《さが》しで？
ぬん
エ……エレキテルありますか!?
ほう……
なつかしいものをお探《さが》しですな
あるのかい？
しばしお待《ま》ちを
ゴソゴソ
なんかこわい……

こちらですな
コト
おお!
いくらだい?
1両《りょう》です
1両《りょう》!? 高《たか》すぎる! 10文《もん》
ずん
1両《りょう》です
25文《もん》
ずずん
1両《りょう》です
28文《もん》
ぬん
1両《りょう》です
ぬぬぬ

話《はなし》にならん！
ペッ
ずん ずん
北斎《ほくさい》さん落《お》ち着《つ》いて
店主《てんしゅ》もゆずらんし値段《ねだん》が大問題《だいもんだい》だ
たかすぎる！
1両《りょう》って……
高《たか》いの？ どれぐらい？
そうじゃな 食《た》べ物《もの》なら……
さっきのすしが400個《こ》ぐらいは食《た》べられるだろうな
400こ
そんなに！
おなかパンクしちゃう！
エレキテル1個《こ》でそれだけ高《たか》いならたくさんお金《かね》がないと……
う〜ん…

そうだ トキオ！ 絵《え》よ！
ピコーン
え？
浮世絵《うきよえ》を描《か》いて 売《う》るの 北斎《ほくさい》さんみたいに！
おお！
それはいい！ 師匠《ししょう》の絵《え》なら 間違《まちが》いなく ジャンジャン売《う》れますぞ
ボクが……
浮世絵《うきよえ》を……？
そうと決《き》まれば 北斎《ほくさい》さんちへゴーゴー!!
はやくはやくっ
だだっ

江戸《えど》で人気《にんき》なのは
まずは美人絵《びじんえ》でしてな
鼻筋《はなすじ》がすーっと
通《とお》っていて
ほおはふっくら
目《め》は細《ほそ》め……
はい!
うまーっ
いっぱいたべて!
こんなぐあいですな
なるほど!

鼻筋《はなすじ》がすーっと……
さら
さら
さら
ほおはふっくら
目《め》は細《ほそ》め……
こうかな……
おお！
すばらしい
さすが師匠《ししょう》！
見《み》せて見《み》せて～
はい
さっ
あ
イインジャナイ？
ビジンカ
ワカランケドモ…
微妙《びみょう》な反応《はんのう》
やめてよ

しかし この絵《え》は……
写楽《しゃらく》のようですなあ
しゃらく?
一時期《いちじき》 大人気《だいにんき》だった 浮世絵師《うきよえし》です
ある時《とき》 突然《とつぜん》現《あらわ》れて あっという間《ま》に消《き》えたので 幻《まぼろし》の絵師《えし》などと いわれてましてな……
はっ! もしや……
師匠《ししょう》が写楽《しゃらく》なのでは ないですか!?
え?
この絵《え》を見《み》て 確信《かくしん》しました!
さすが師匠《ししょう》 おそれいります!
ペコ
いや 違《ちが》いますよ!

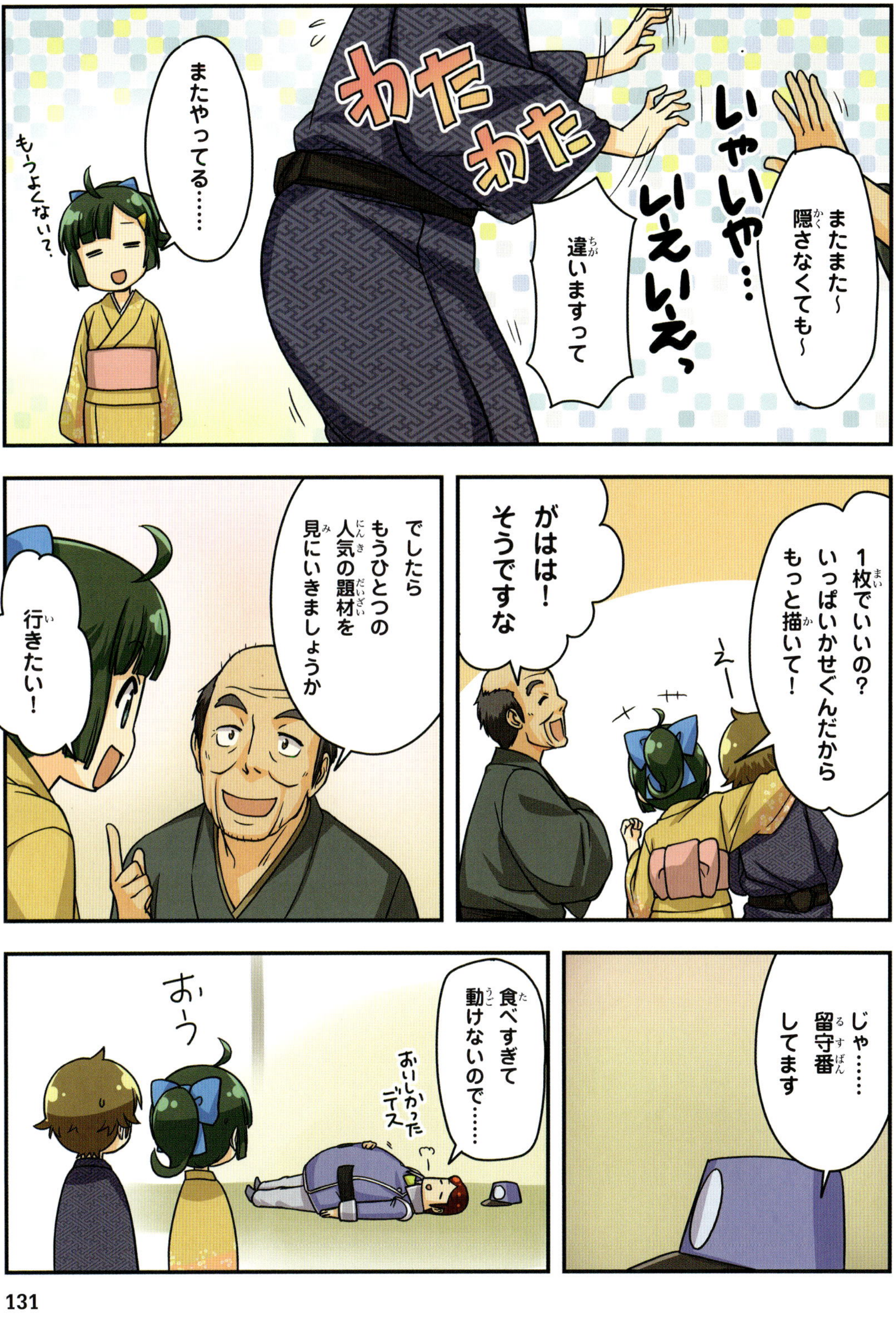
いやいや……
いえいえ、
またまた～
隠《かく》さなくても～
違《ちが》いますって
わたわた
またやってる……
もーっよくないて、
1枚《まい》でいいの?
いっぱいかせぐんだから
もっと描《か》いて!
え～
がはは!
そうですな
でしたら
もうひとつの
人気《にんき》の題材《だいざい》を
見《み》にいきましょうか
行《い》きたい!
じゃ……
留守番《るすばん》
してます
食《た》べすぎて
動《うご》けないので……
おいしかった
デス
おう

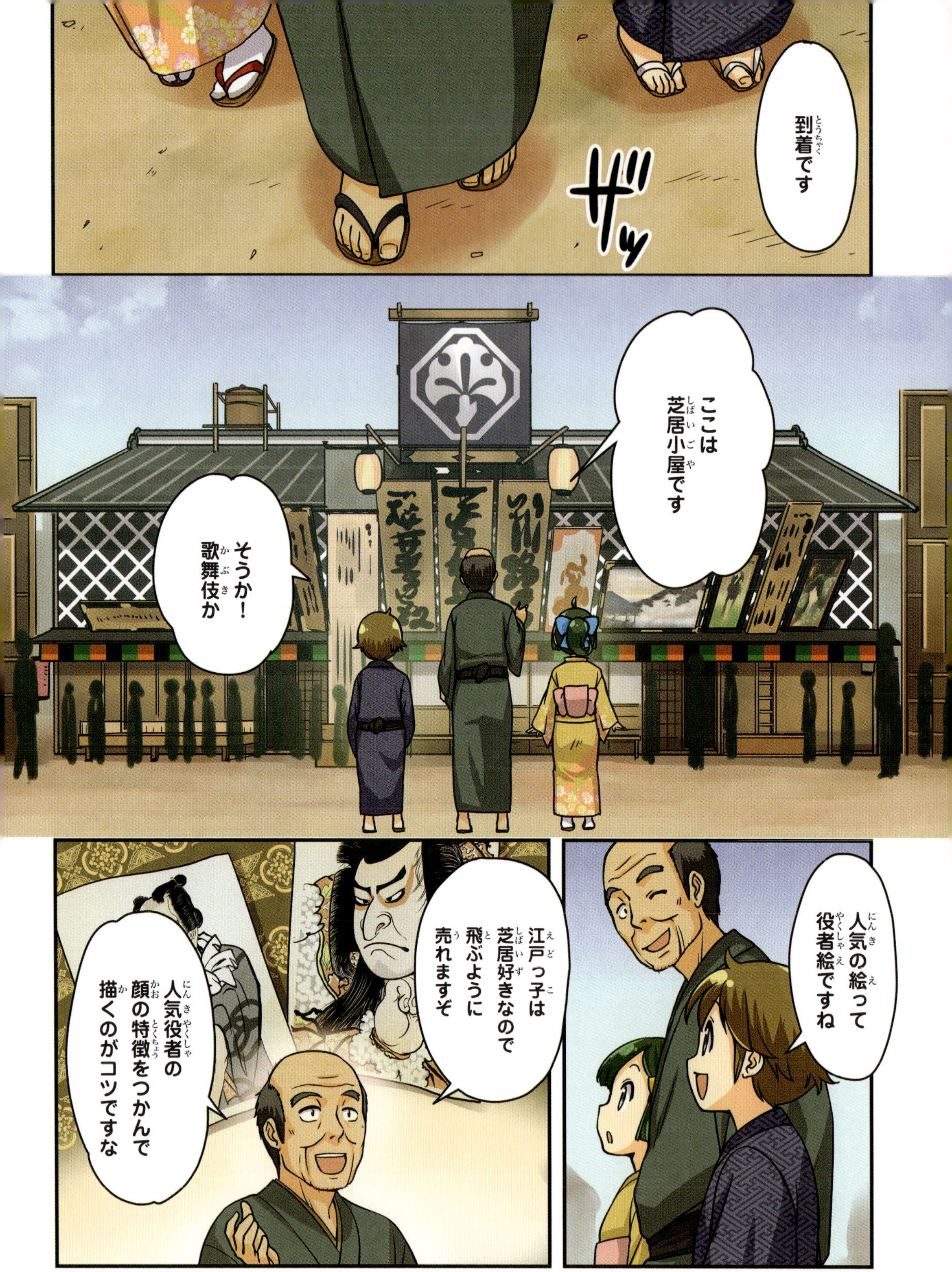
到着《とうちゃく》です
ザッ
ここは芝居小屋《しばいごや》です
そうか！歌舞伎《かぶき》か
人気《にんき》の絵《え》って役者絵《やくしゃえ》ですね
江戸《えど》っ子《こ》は芝居好《しばいず》きなので飛《と》ぶように売《う》れますぞ
人気役者《にんきやくしゃ》の顔《かお》の特徴《とくちょう》をつかんで描《か》くのがコツですな

役者絵《やくしゃえ》は おなごによく売《う》れますのじゃ
すごいにぎわい
人気《にんき》アイドルのコンサートみたい
いまもむかしもおなじね
あ! 阿栄《おえい》さん
あら リンちゃん
用事《ようじ》って 歌舞伎《かぶき》だったの?
うふふ みんなも見《み》にきたの?
役者絵《やくしゃえ》を 描《か》こうと思《おも》って 勉強《べんきょう》に
じー
なんか すごい新人《しんじん》が 出《で》るんですって!
はやく見《み》に いきましょ
じーー
おとっつぁんも はやくはやく
おい、

チャカ
チャン
チャン
よっ!!
…!
中村屋《なかむらや》
すごいね
いよいよ来《く》るわよ!
五右衛門様《ごえもんさま》ぁ~!
キャー!!
今《いま》の
聞《き》いた?

バッ
待《ま》たせたなあ おめえたち!
スタッ
天下《てんか》無双《むそう》の大豪傑《だいごうけつ》!
ゴエモン様《さま》たあ
オレのことでえ!
あーっ!!

世界に影響を与えた日本の浮世絵

① 浮世絵とは「現代風の絵」のこと

浮世=この世、現代という意味で、浮世絵は当時の人々や生活などを描いた「現代風の絵」のこと。主に木版画でたくさん印刷されて、多くの人たちを楽しませました。

江戸時代を代表する浮世絵師のひとりに葛飾北斎がいます。北斎の才能は浮世絵だけにとどまらず、本の挿絵などでもヒットを連発しました。高い評価を受けている北斎は、世界でもっとも名前を知られる日本の画家といっていいでしょう。

② ヨーロッパの画家もまねをした？

北斎に代表される浮世絵がヨーロッパに紹介されると大ブームになり、「ジャポニスム」という芸術運動が広がりました。「ひまわり」で有名なゴッホなどの画家が、浮世絵から大きな影響を受けました。

江戸時代のキーパーソン ⑧
浮世絵の巨匠
葛飾北斎

★生没年 1760～1849年
富士山の四季の風景を描いた、北斎の代表作「富嶽三十六景」は、70代の頃の作品。江戸時代を代表する浮世絵師で、一生（90歳まで）絵を描き続けた。

『戯作者考補遺』（写し）から　慶應義塾図書館蔵

もの知りコラム

謎の絵師　東洲斎写楽とは？

東洲斎写楽は、一気に28枚にもおよぶ豪華な役者絵を出してデビューしました。そしてわずか10カ月の間に計140点以上もの作品を発表し、突然姿を消してしまいました。阿波国（徳島県）の斎藤十郎兵衛という人物だとする説が有力ですが、正体は謎に包まれています。

東洲斎写楽の浮世絵
「三代目瀬川菊之丞の田辺文蔵妻おしづ」
山口県立萩美術館・浦上記念館蔵

浮世絵《うきよえ》1枚《まい》は
かけそば1杯《ぱい》と
同《おな》じぐらいの
値段《ねだん》だったって
今《いま》でいう
ポスター
みたいなもの
なんだね

浮世絵《うきよえ》はこうしてつくる

浮世絵《うきよえ》は、まず版元《はんもと》（出版社《しゅっぱんしゃ》）がどんなものにするか企画《きかく》を立《た》て、絵《え》を描《か》く絵師《えし》、絵《え》を版木《はんぎ》に彫《ほ》る彫師《ほりし》、色《いろ》を刷《す》る摺師《すりし》との共同《きょうどう》作業《さぎょう》でつくられます。版元《はんもと》、絵師《えし》、彫師《ほりし》、摺師《すりし》のチームワークが大切《たいせつ》でした。

絵師《えし》が下絵《したえ》を描《か》く

↓

下絵《したえ》をもとに
彫師《ほりし》が版木《はんぎ》に彫《ほ》る

↓

彫師《ほりし》が墨《すみ》1色《しょく》で何枚《なんまい》か刷《す》る

↓

刷《す》られたものに、絵師《えし》が色《いろ》をつけていく（1色《しょく》につき1枚《まい》）

↓

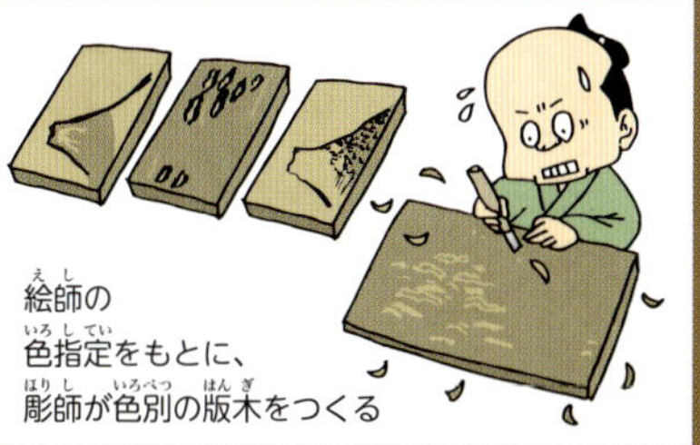

絵師《えし》の
色指定《いろしてい》をもとに、
彫師《ほりし》が色別《いろべつ》の版木《はんぎ》をつくる

↓

色別《いろべつ》の版木《はんぎ》に染料《せんりょう》を塗《ぬ》って、摺師《すりし》がどんどん色《いろ》を重《かさ》ねて刷《す》っていく

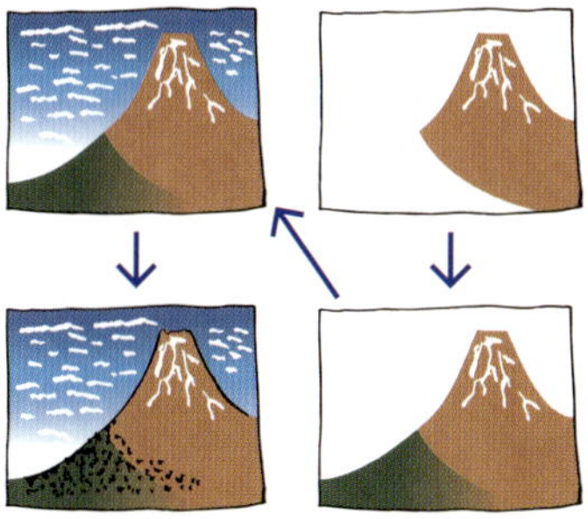

↓

みんなで確認《かくにん》して細《こま》かな点《てん》を調整《ちょうせい》する

↓

完成《かんせい》！

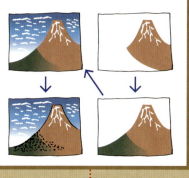

9章《しょう》 ゴエモンが泥棒《どろぼう》をやめた!?

歌舞伎《かぶき》は江戸《えど》いちばんの娯楽《ごらく》だぜ！

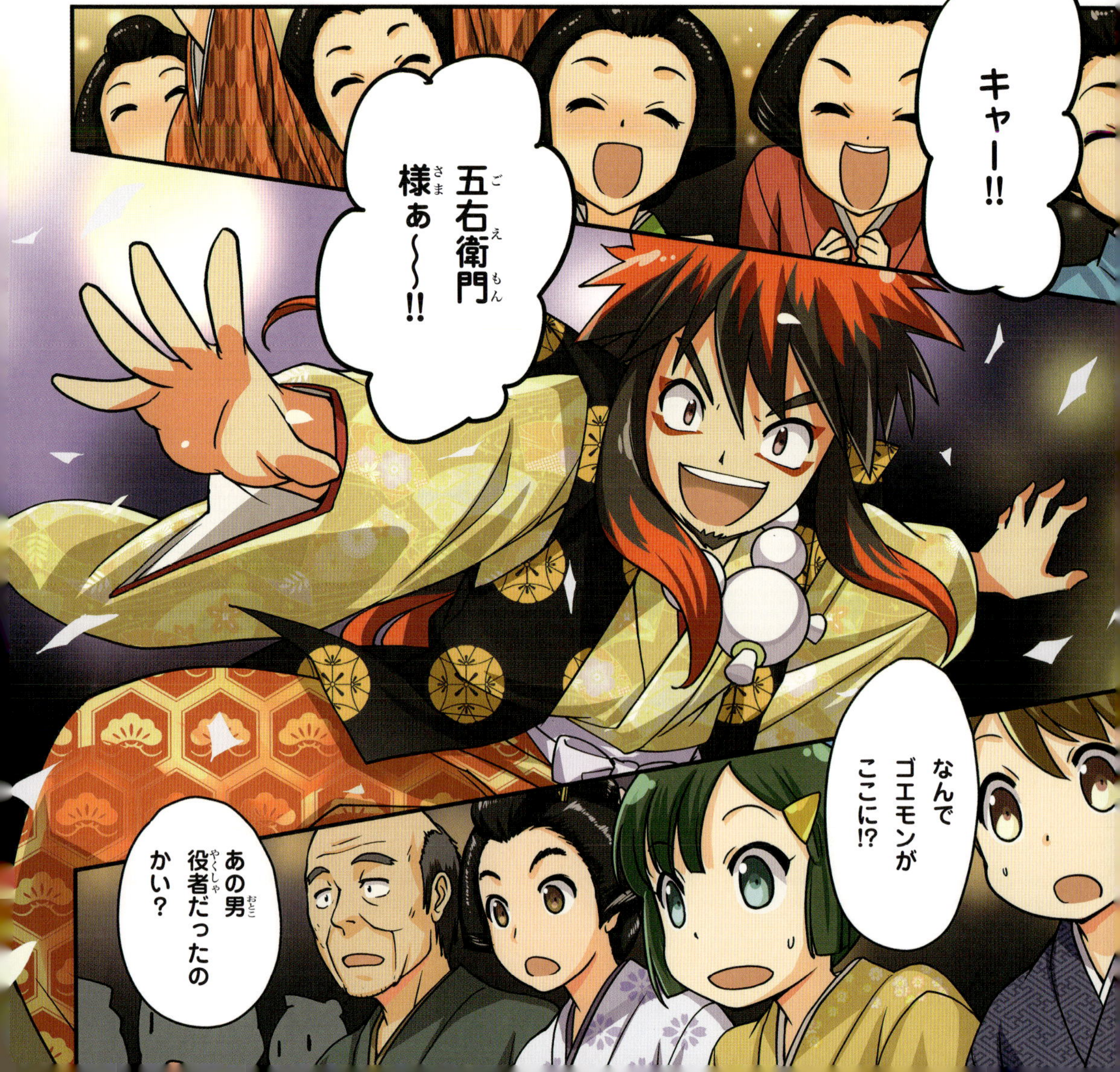
キャー!!
五右衛門《ごえもん》様《さま》あ～～!!
なんでゴエモンがここに!?
あの男《おとこ》役者《やくしゃ》だったのかい？

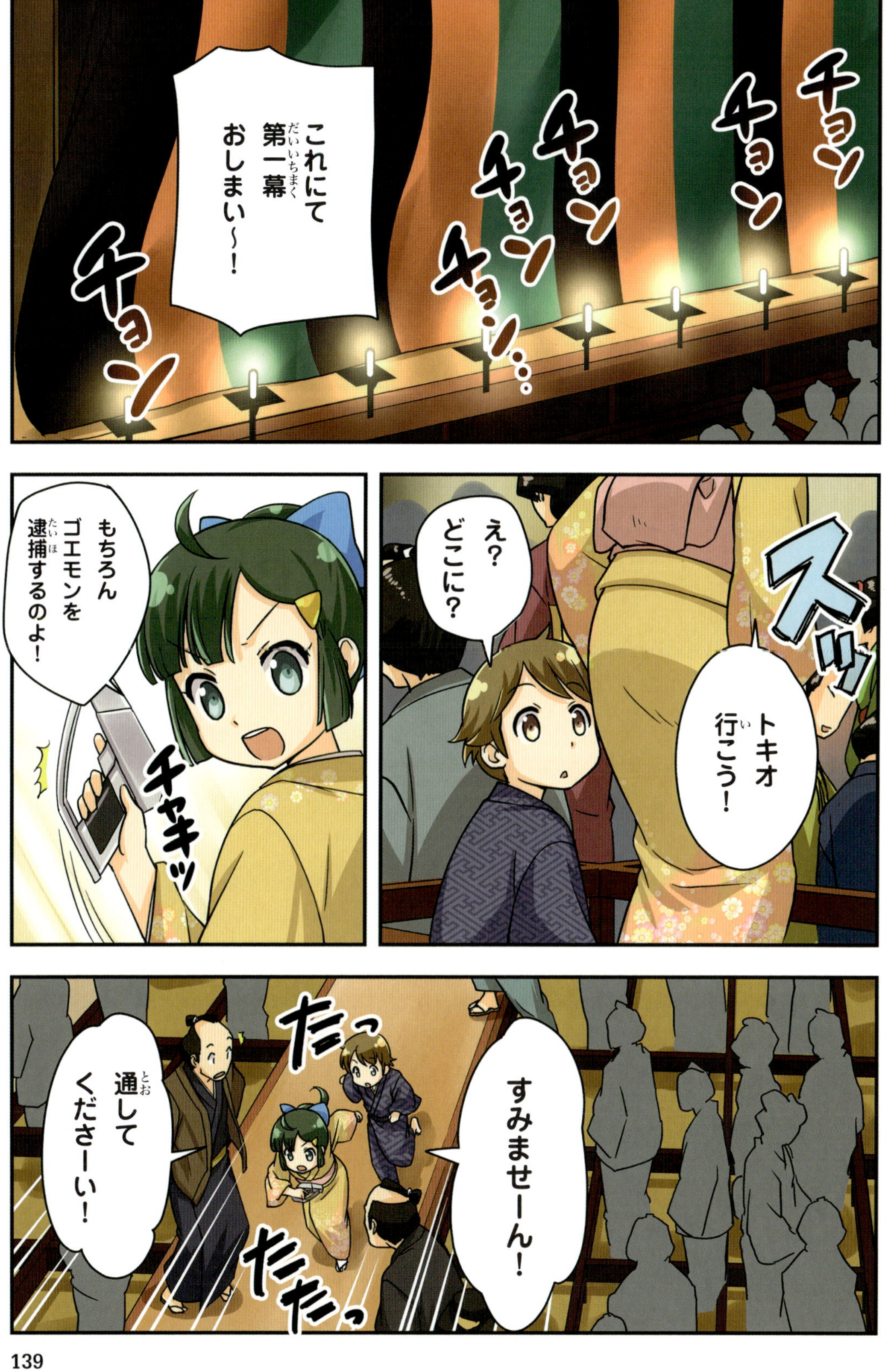

チョン
チョン
チョン
チョン…
これにて第一幕《だいいちまく》おしまい～！
チョン
スッ
トキオ行《い》こう！
え？どこに？
もちろんゴエモンを逮捕《たいほ》するのよ！
チャキッ
すみませーん！
たっ
通《とお》してくださーい！
たたっ

あそこが楽屋《がくや》ね！
ひょいひょい
ちょいと待《ま》ちな！
ここから先《さき》は入《はい》っちゃいけないよ！
ボクたちあやしい者《もの》じゃないんです！
ゴエモンに用事《ようじ》があるの通《とお》して！
だめだだめだ！

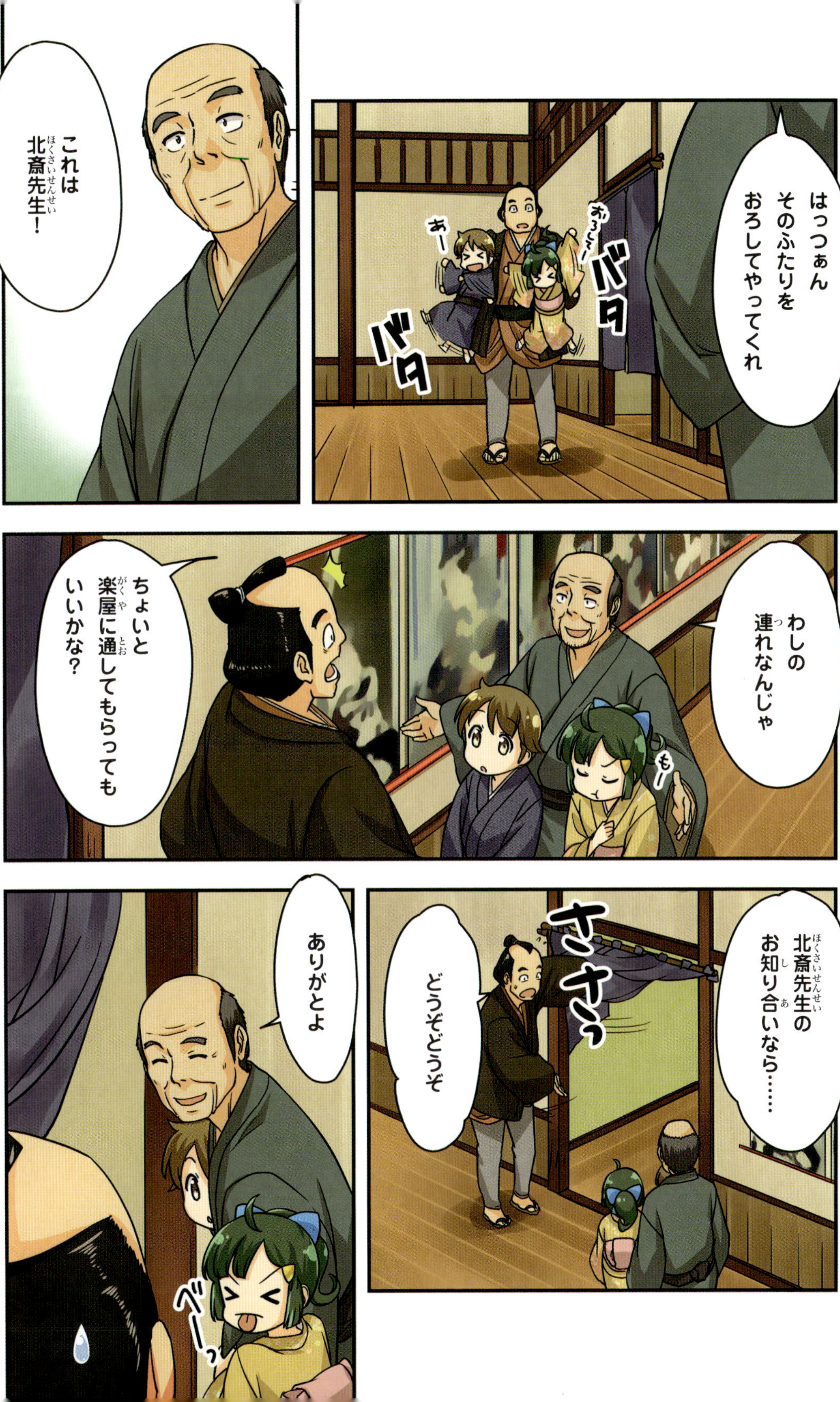
はっつぁん
そのふたりを
おろしてやってくれ
おろしてー！
あー
バタ
バタ
これは
北斎先生《ほくさいせんせい》！
わしの
連《つ》れなんじゃ
ちょいと
楽屋《がくや》に通《とお》してもらっても
いいかな？
もー
北斎先生《ほくさいせんせい》の
お知《し》り合《あ》いなら……
ささっ
どうぞどうぞ
ありがとよ
べーっ

北斎《ほくさい》さん さすが有名人《ゆうめいじん》ですね
なあに たまたま 知《し》り合《あ》いがいた だけじゃよ
ばっ
は～！ 今日《きょう》も 大盛況《だいせいきょう》だったな！
げ！ おまえら!!
ゴエモン！ 逮捕《たいほ》しにきたわよ！
ちょ…… ちょい待《ま》て！ 話《はなし》を聞《き》いてくれ

問答無用《もんどうむよう》!
ポン
まあ 聞《き》いてみよう 何《なに》を言《い》うのか 面白《おもしろ》そうじゃし
スッ
ふー
ありがとよ……
どうして歌舞伎《かぶき》の舞台《ぶたい》に出《で》てるんです?
ああ 話《はな》せば長《なが》くなるが……
マシンを動《うご》かすために
エレキテルを探《さが》してここに入《はい》ってな……
あれば盗《ぬす》もうと思《おも》ったわけね!
チャキッ
待《ま》て待《ま》て! 話《はな》を聞《き》くって言《い》っただろ!

……で まあ ごそごそと やってたわけよ
天下《てんか》の大泥棒《おおどろぼう》・ゴエモン様《さま》にかかれば エレキテル集《あつ》めなど 楽勝《らくしょう》だぜ
ポイッ
さっき行《い》った 屋敷《やしき》にも あったしな
ポイッ
ガタッ
こんだけでかい 建物《たてもの》だったら 何台《なんだい》 あってもおかしくねえ
ゴソ
ゴソ
おい おまえさん 何《なに》やってんだい？
やべ！
みつかった…
こうなったら 逃《に》げるが 勝《か》ち……
ガッ
あ……
急《いそ》げ！ 出番《でばん》だろ 早《はや》くしな！
へ？

なんだい その 背中《せなか》のもんは
あ…… いや
おろして こっち来《き》な!
新人《しんじん》かい? そこ立《た》って
よし 行《い》ってきな!
わ!
トトトト
わっ……
わっ!
ばっ

ワァッ
キャーッ
すてきー
かっこいいー
ハッハッハッ
……てことで
あれよあれよと
人気者《にんきもの》になったと
いうわけだ！

へぇ〜〜〜
やっぱり
あれだな
運命《うんめい》っつーか
秘《ひ》められた
タレント性《せい》っつーか
天性《てんせい》のものは
隠《かく》せねえもんだなぁ
なあ　おぬし
へっ!!
今《いま》や江戸《えど》いちばんの
人気者《にんきもの》だぜ!
じゃあ　泥棒《どろぼう》は
やめたのかい?
盗《ぬす》みなんかやってる
ひまねえよ

だから　決《き》めたんだ
オレは江戸《えど》で暮《く》らしていく
え？未来《みらい》に帰《かえ》らないの？
帰《かえ》ったってまた泥棒《どろぼう》に戻《もど》るだけさ
それならオレはこの時代《じだい》でまともに生《い》きてえ
なるほどそれもまたおぬしの道《みち》よ
ああ
てことで娘《むすめ》

そこのエレキテル
持《も》っていけ
オレには必要《ひつよう》ない
捕《つか》まえなくて
よかったのかい？
……うん
ポン
師匠《ししょう》
帰《かえ》ったら 五右衛門《ごえもん》の
役者絵《やくしゃえ》を描《か》きましょう
かっこよく
はい！

錦絵《にしきえ》
刷《す》り上《あ》がりましたな 師匠《ししょう》の浮世絵《うきよえ》が!
はは…… 照《て》れくさいな
照《て》れてる場合《ばあい》じゃないよ
ここからが 勝負《しょうぶ》よ!
わっ
はい!

ウワサの新人《しんじん》浮世絵師《うきよえし》が描《か》いた
今《いま》 いちばんの人気役者《にんきやくしゃ》ゴエモンの役者絵《やくしゃえ》だよ！
美人絵《びじんえ》もあるよ～っ！
ドドドドド
キャー！五右衛門様《ごえもんさま》よ！
1枚《まい》くださ～い！
わたしは2枚《まい》！
ガヤ
ガヤ
こりゃあいい絵《え》だ！
ワイ
ワイ
よしこれをくれ！
1枚《まい》ちょうだい！
はい！まいど！

ありがとうございました!
すごい! いっぱい売《う》れたね お金《かね》いっぱいだよ!
さすが師匠《ししょう》!
こんにちは
ぬん
ギャッ! こないだの!!
ばっ
ちょうどよかった あれは・・どう?
阿栄《おえい》さん! ええ! ご用意《ようい》ととのっております
テレ
テレ
笑《わら》った顔《かお》はさらに気持《きも》ち悪《わる》い……
むぐっ
阿栄《おえい》さん なんのことですか?

あなたたちがエレキテルを探《さが》してるっていうからこの人《ひと》に頼《たの》んだの
エレキテル探《さが》し
わたしは古道具屋《ふるどうぐや》なんでも探《さが》してなんでも売買《ばいばい》します
それでエレキテルは
21台《だい》集《あつ》めてございます
お！
すご～い！やったー!!
ぴょん
でも お金《かね》足《た》りるかな
あ……そうか
おすし400っかが21だいぶん…
大丈夫《だいじょうぶ》よ！
ね～！
はい！全部《ぜんぶ》で1両《りょう》で！
デレ～
キュッ
安《やす》っ！
なんでじゃ…
ありがとう！さすが古道具屋《ふるどうぐや》さんね！
男性《だんせい》を手玉《てだま》に取《と》るなんてさすが 阿栄《おえい》さん
すごい特価《とっか》だね……

エレキテル届《とど》いたよ～
ありがとうございます
さっそく帰《かえ》る準備《じゅんび》を始《はじ》めましょう
はーい!
こんな感《かん》じかな
そうですね

カン
ん？
この音《おと》なんだろ？
夕方《ゆうがた》を知《し》らせる鐘《かね》の音《ね》かな
カンカン
カン
カン
カン
カン
違《ちが》う！火事《かじ》だ！
カン
カン
えっ!?

江戸《えど》の名物《めいぶつ》!? 火事《かじ》と歌舞伎《かぶき》

① 火事《かじ》が多《おお》かった江戸《えど》!

木《き》でつくられた家《いえ》が多《おお》い江戸《えど》の町《まち》では、火事《かじ》がよく起《お》こりました。気《き》がはやい江戸《えど》っ子《こ》の気質《きしつ》と合《あ》わせて、「火事《かじ》とケンカは江戸《えど》の華《はな》」という言葉《ことば》があります。

江戸《えど》の町《まち》で火消《ひけし》が
働《はたら》いている様子《ようす》(復元模型《ふくげんもけい》)
火《ひ》が出《で》た家《いえ》のまわりの建物《たてもの》をこわして、火《ひ》が燃《も》え広《ひろ》がらないようにするのが、火消《ひけし》のおもな仕事《しごと》だ
消防博物館蔵

水《みず》で完全《かんぜん》に
消火《しょうか》するのが
難《むずか》しいから
家《いえ》をこわすのさ

江戸《えど》の火事《かじ》への対策《たいさく》として、8代将軍《だいしょうぐん》・徳川吉宗《とくがわよしむね》と、町奉行《まちぶぎょう》の大岡忠相《おおおかただすけ》は、町人《ちょうにん》たちによる消防組織《しょうぼうそしき》・町《まち》火消《びけし》をつくりました。

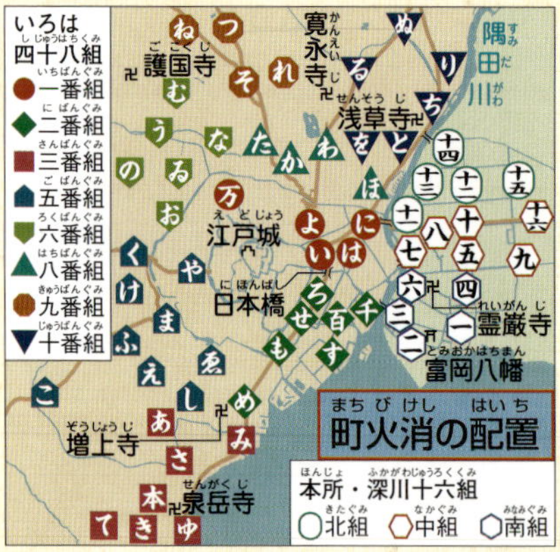
町火消《まちびけし》の配置《はいち》
いろは四十八組《しじゅうはちくみ》
一番組《いちばんぐみ》
二番組《にばんぐみ》
三番組《さんばんぐみ》
五番組《ごばんぐみ》
六番組《ろくばんぐみ》
八番組《はちばんぐみ》
九番組《きゅうばんぐみ》
十番組《じゅうばんぐみ》
本所《ほんじょ》・深川十六組《ふかがわじゅうろくくみ》
北組《きたぐみ》
中組《なかぐみ》
南組《みなみぐみ》
護国寺《ごこくじ》
寛永寺《かんえいじ》
浅草寺《せんそうじ》
隅田川《すみだがわ》
江戸城《えどじょう》
日本橋《にほんばし》
霊巌寺《れいがんじ》
富岡八幡《とみおかはちまん》
増上寺《ぞうじょうじ》
泉岳寺《せんがくじ》
大岡忠相《おおおかただすけ》は1718(享保《きょうほう》3)年《ねん》に、町人《ちょうにん》による消防組織《しょうぼうそしき》を設置《せっち》した。その2年後《ねんご》、隅田川《すみだがわ》から西《にし》の町《まち》を47組《くみ》(後《のち》に48組《くみ》)、東《ひがし》の町《まち》を16組《くみ》として、江戸《えど》の町火消《まちびけし》が成立《せいりつ》した

火消人足《ひけしにんそく》の服装《ふくそう》
火消《ひけし》は江戸《えど》の人々《ひとびと》のあこがれの的《まと》だった
消防博物館蔵

②江戸《えど》の町人《ちょうにん》の楽《たの》しみ、歌舞伎《かぶき》

歌舞伎《かぶき》は、江戸時代《えどじだい》のはじめに生《う》まれたかぶき踊《おど》りをルーツにもつ芝居《しばい》です。江戸歌舞伎《えどかぶき》の代表的《だいひょうてき》な芝居《しばい》小屋《ごや》が中村座《なかむらざ》です。江戸《えど》の町人《ちょうにん》は、歌舞伎見物《かぶきけんぶつ》にはおしゃれをして出《で》かけ、歌舞伎《かぶき》を見《み》ながら、お弁当《べんとう》を食《た》べたりお酒《さけ》を飲《の》んだり、一日楽《いちにちたの》しく過《す》ごしました。

中村座《なかむらざ》（復元模型《ふくげんもけい》）
歌舞伎役者《かぶきやくしゃ》の名前《なまえ》の看板《かんばん》やちょうちんなどが、にぎやかに飾《かざ》られていた

江戸東京博物館蔵

芝居小屋《しばいごや》の中《なか》をのぞいてみよう

①……【桟敷《さじき》】料金《りょうきん》の高《たか》い席《せき》。
1階席《かいせき》と2階席《かいせき》がある。
②……【花道《はなみち》】役者《やくしゃ》が通《とお》る道《みち》。
舞台《ぶたい》とつながっている。
③……【平土間《ひらどま》】一般《いっぱん》の席《せき》。
板《いた》で区切《くぎ》られている。
④……【舞台《ぶたい》】役者《やくしゃ》が演《えん》じる場所《ばしょ》。

市川團十郎《いちかわだんじゅうろう》など歌舞伎《かぶき》の有名《ゆうめい》な役者名《やくしゃめい》は現代《げんだい》まで受《う》け継《つ》がれています

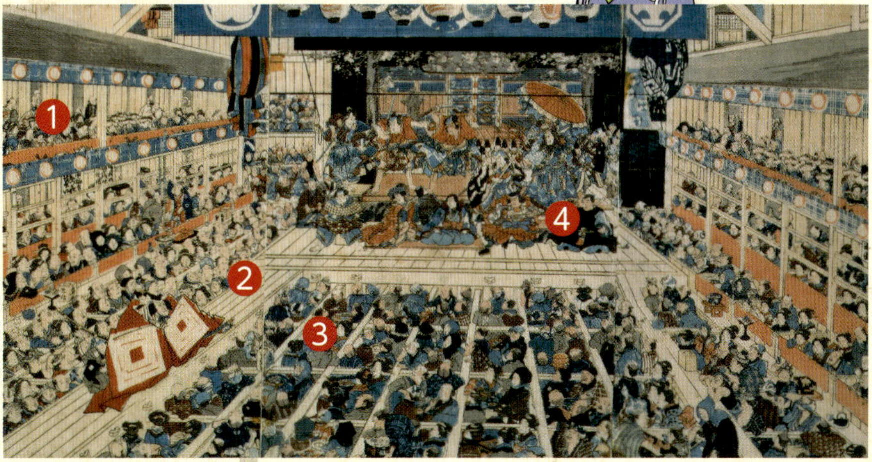
1
2
3
4

江戸時代後期《えどじだいこうき》の芝居小屋《しばいごや》の様子《ようす》

歌川国貞画「踊形容江戸絵栄」江戸東京博物館蔵
Image：東京都歴史文化財団イメージアーカイブ

10章《しょう》
江戸《えど》の火事《かじ》を消火《しょうか》せよ!!

火消《ひけし》は江戸《えど》の人気者《にんきもの》!
り

カン カン カン カン カン カン
見《み》るかぎり 火元《ひもと》はわりと遠《とお》いところだが……
風向《かざむ》きによっては大火事《おおかじ》になりかねん心配《しんぱい》じゃ……
この方向《ほうこう》は……
歌舞伎小屋《かぶきごや》のほうじゃな……
へー
カン カン
えっ!
歌舞伎小屋《かぶきごや》!?

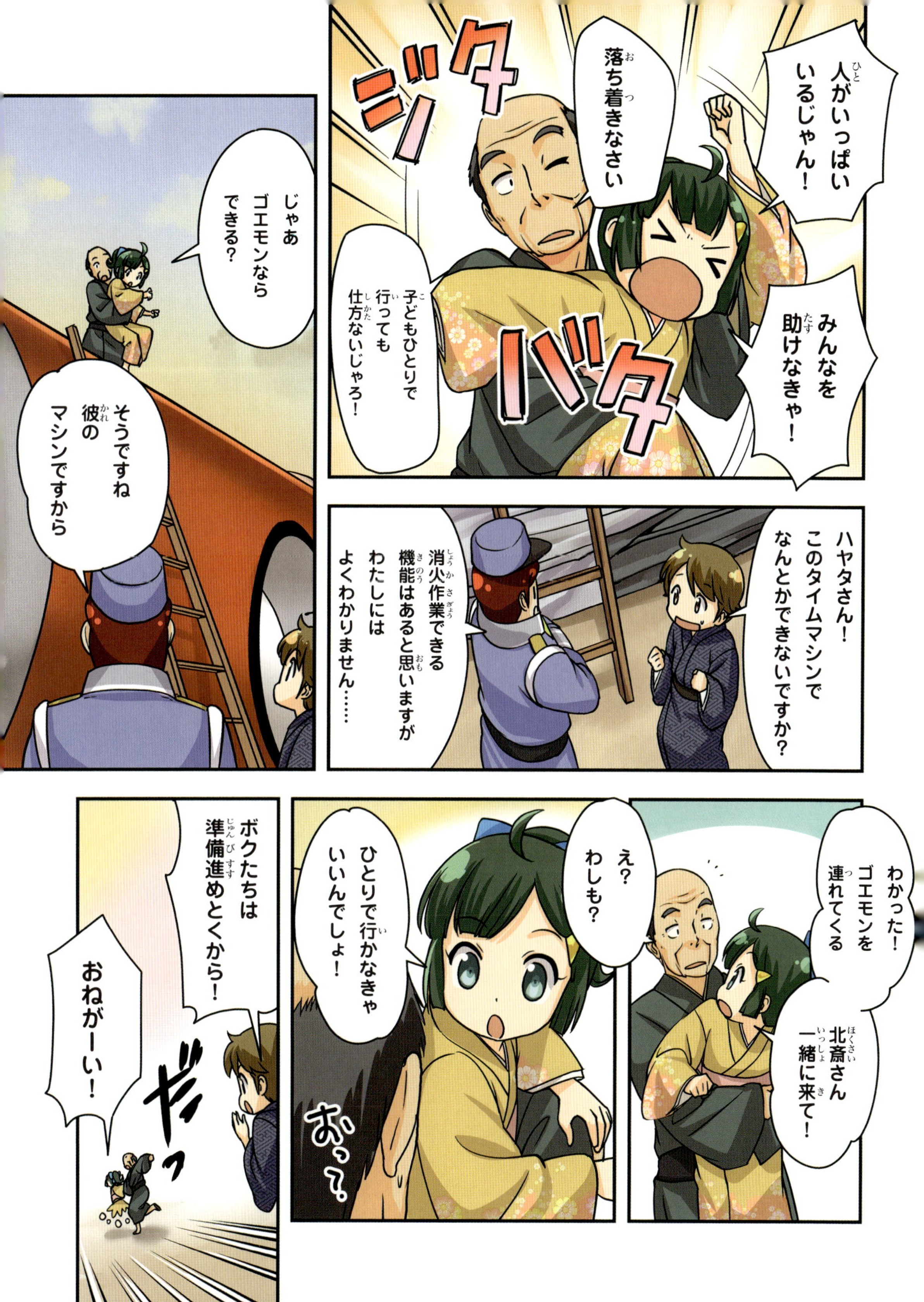
人《ひと》がいっぱいいるじゃん！
落《お》ち着《つ》きなさい
ジタバタ
みんなを助《たす》けなきゃ！
子《こ》どもひとりで行《い》っても仕方《しかた》ないじゃろ！
ハヤタさん！このタイムマシンでなんとかできないですか？
消火作業《しょうかさぎょう》できる機能《きのう》はあると思《おも》いますがわたしにはよくわかりません……
じゃあゴエモンならできる？
そうですね彼《かれ》のマシンですから
わかった！ゴエモンを連《つ》れてくる
北斎《ほくさい》さん一緒《いっしょ》に来《き》て！
え？わしも？
ひとりで行《い》かなきゃいいんでしょ！
おっ？
ボクたちは準備進《じゅんびすす》めとくから！
ダッ
おねがーい！

おーい！ 客《きゃく》は全員《ぜんいん》逃《に》げたかーっ？
はい！ あとは自分《じぶん》らだけです
よし！ オレたちも逃《に》げるぞ！
オレたちの小屋《こや》が燃《も》えちまう！
そんなのごめんだぜ！
火消《ひけし》は何《なに》やってんだ!?
そんなこと言《い》ってる場合《ばあい》じゃねえ
みんな急《いそ》いで逃《に》げろ！
ゴエモ～ン！

あ゛
ドドッ
ドーーー
ゴロゴロ
ゴエモン！タイムマシンで火《ひ》を消《け》して！
キュー
江戸《えど》の町《まち》が燃《も》えちゃうよ！ごーえーもーんーっ！
ぶんぶん
おリンさん…おてやわらかにな…
オレのマシンは動《うご》くのか？
いってて…
準備《じゅんび》はできてるけどエレキテルを動《うご》かす人《ひと》も足《た》りないの

そんなことなら問題《もんだい》ねえ
ガッ
おまえら江戸《えど》を火《ひ》の海《うみ》にしたくねえんだったらオレについてこい！
お〜！
みんな避難《ひなん》しちまったからな
少《すく》な！
いや来《く》るぞ！
誰《だれ》が来《く》るんだ？
決《き》まってんだろ
ドドドッ
オレの大《だい》ファンたちよ〜っ！
ゴエモンさま〜
キャ〜ッ
よーし行《い》くぞー!!おまえたち！
ドドドドドドド

というわけで みなみな様《さま》がた
力《ちから》を貸《か》してくれ！
おーーっ!!
じゃあ ぼちぼち いこうぜ！
すたっ
オッケー!!
では みなさん 取《と》っ手《て》を回《まわ》してください！
グルグル
グルグル
グルグル

おお！
飛《と》んだ……
よっしゃ！
あとは任《まか》せとけ！

火《ひ》のまわりが早《はや》いぞ！
カーンカーン
カーン カーン
みんな逃《に》げろ！はやく！
火《ひ》がまわってくる前《まえ》にとなりの家《いえ》を壊《こわ》せ！
ドドッ
火《ひ》の広《ひろ》がりをくいとめるんだ！
ガシャァ

だめだ！
火《ひ》の勢《いきお》いがおとろえない！
大火《たいか》になるぞ！
……雨《あめ》？
ジュウゥ
いや……なんだ あれは……!?
そーら消《しょう》火《か》一《いっ》発《ぱつ》！
バッ
ゴエモンシャワー!!たっぷりくらいなーっ！

どんどん火《ひ》が消《き》えていく！
やった！大成功《だいせいこう》だーっ！
五右衛門《ごえもん》様《さま》すてきーっ！
五右衛門《ごえもん》さんありがとーっ！
はっは〜！
こんぐらいどうってことねーよ
いいところあるじゃないですか
見直《みなお》しました
ポン
そうか
江戸《えど》の町《まち》を燃《も》やすわけにいかねえからな

それはともかく
逮捕《たいほ》！
グルパッ
お!?
ちょっと待《ま》ってくれよ！
オレは今《いま》や歌舞伎《かぶき》の大人気役者《だいにんきやくしゃ》なんだぜ！
多《おお》くの観客《かんきゃく》がオレを待《ま》ってるんだ！
バッ
なるほど……しかし今《いま》の消火作業《しょうかさぎょう》の手柄《てがら》をプラスしても過去《かこ》200件以上《けんいじょう》の絵画窃盗《かいがせっとう》と時空間規則違反《じくうかんきそくいはん》の数々《かずかず》
ギロッ
罪《つみ》は罪《つみ》ですから
泥棒《どろぼう》やめるつもりだったのにね
しょーうがないね
ーっ… むぅ…
カッコよかったですよ

北斎《ほくさい》さーん
阿栄《おえい》さーん
ごはんも町《まち》も とっても楽《たの》しかったでーす!
ボクもすごく楽《たの》しくて勉強《べんきょう》になりました!
いろいろありがとうございました!
師匠《ししょう》はなんとも不思議《ふしぎ》なお人《ひと》でしたが……
わしも師匠《ししょう》に負《ま》けないよう努力《どりょく》しますゆえ
どうぞお元気《げんき》でーっ!
キーン
はーいっ!

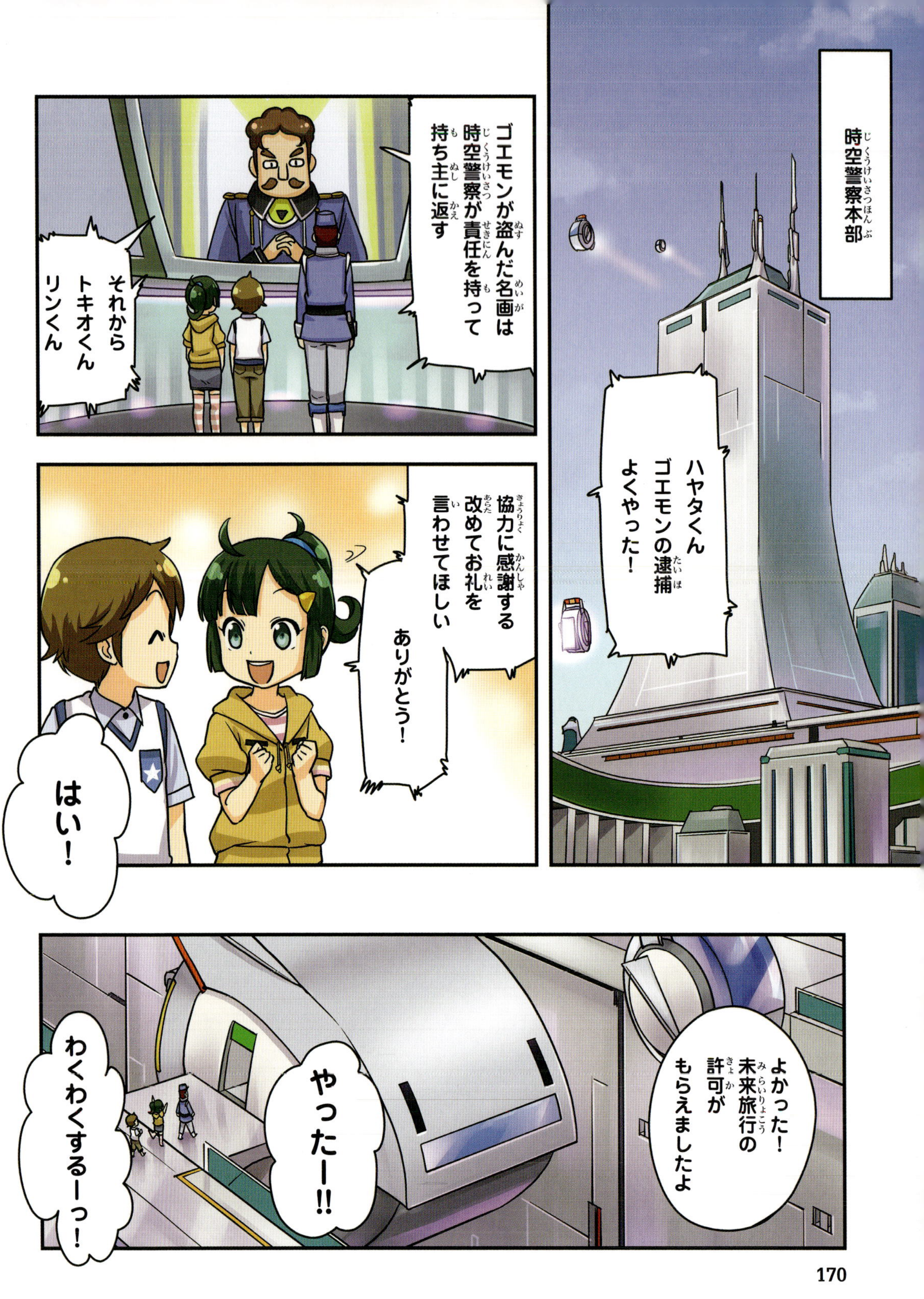

時空警察本部《じくうけいさつほんぶ》
ハヤタくん　ゴエモンの逮捕《たいほ》　よくやった！
ゴエモンが盗《ぬす》んだ名画《めいが》は　時空警察《じくうけいさつ》が責任《せきにん》を持《も》って　持《も》ち主《ぬし》に返《かえ》す
それから　トキオくん　リンくん
協力《きょうりょく》に感謝《かんしゃ》する　改《あらた》めてお礼《れい》を　言《い》わせてほしい
ありがとう！
はい！
よかった！　未来旅行《みらいりょこう》の　許可《きょか》が　もらえましたよ
やったー!!
わくわくするーっ！

さーて 何年先《なんねんさき》に 行《い》きますか？
そうだな～
だったら おすすめの 年代《ねんだい》があるぜ！
え？
あ……
よっ
ゴエモン？？？？
時空間特別刑務所《じくうかんとくべつけいむしょ》に 入《はい》ったはずじゃ……
あんなの どうってことねーよ
らくらく ぬけだせたぜ！
さあて おまえたち 楽《たの》しい時間旅行《じかんりょこう》と いこうぜ！
おー!!
うそー!?
ふたりまで?!
「江戸《えど》の町《まち》へ タイムワープ」終《お》わり。

江戸《えど》の3大改革《だいかいかく》って？

①徳川吉宗《とくがわよしむね》の「享保《きょうほう》の改革《かいかく》」

1716（享保《きょうほう》1）〜1745（延享《えんきょう》2）年《ねん》

18世紀《せいき》のはじめ頃《ごろ》、幕府《ばくふ》の財政《ざいせい》が厳《きび》しくなり、けらいの武士《ぶし》たちに支払《しはら》う給料《きゅうりょう》（米《こめ》）すら不足《ふそく》するようになりました。そこで、8代将軍《だいしょうぐん》になった徳川吉宗《とくがわよしむね》は、幕府《ばくふ》の財政《ざいせい》を立《た》て直《なお》すための改革《かいかく》を行《おこな》いました。

吉宗《よしむね》の改革《かいかく》を「享保《きょうほう》の改革《かいかく》」といい、その後《ご》に行《おこな》われた「寛政《かんせい》の改革《かいかく》」「天保《てんぽう》の改革《かいかく》」の3つを合《あ》わせて、江戸《えど》の3大改革《だいかいかく》といいます。

8代将軍《だいしょうぐん》・徳川吉宗《とくがわよしむね》

東京大学史料編纂所所蔵模写

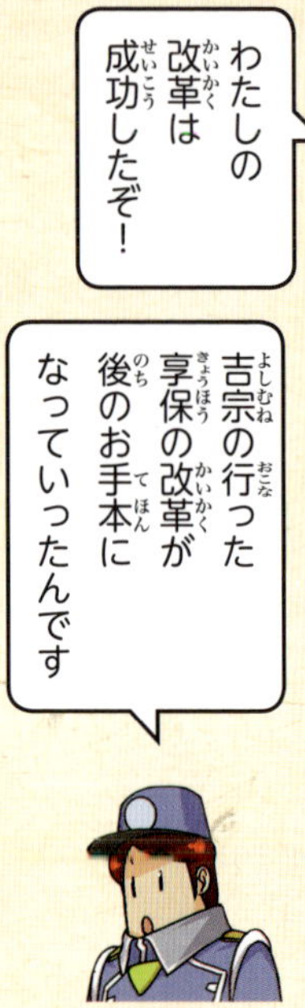
わたしの改革《かいかく》は成功《せいこう》したぞ！
吉宗《よしむね》の行《おこな》った享保《きょうほう》の改革《かいかく》が後《のち》のお手本《てほん》になっていったんです

改革《かいかく》の基本《きほん》

1、節約《せつやく》して支出《ししゅつ》（出《で》るお金《かね》）を減《へ》らす。
2、増税《ぞうぜい》や新田開発《しんでんかいはつ》などで産業《さんぎょう》を発展《はってん》させて、収入《しゅうにゅう》（入《はい》るお金《かね》）を増《ふ》やす。
3、新《あら》たな法律《ほうりつ》や政策《せいさく》によって、政治《せいじ》を安定《あんてい》させる。

②松平定信《まつだいらさだのぶ》の「寛政《かんせい》の改革《かいかく》」

1787（天明《てんめい》7）〜1793（寛政《かんせい》5）年《ねん》

18世紀《せいき》のなかば頃《ごろ》、幕府《ばくふ》の財政《ざいせい》は再《ふた》び悪化《あっか》しました。そこで、*老中《ろうじゅう》の松平定信《まつだいらさだのぶ》は、農村《のうそん》の立《た》て直《なお》しに力《ちから》を入《い》れ、人々《ひとびと》に節約《せつやく》を求《もと》めました。また、政治批《せいじひ》判《はん》を禁《きん》じるなどして、幕府《ばくふ》の権威《けんい》を高《たか》めました。

松平《まつだいら》の寛政《かんせい》の改革《かいかく》はひとまず成功《せいこう》したといえますが、人々《ひとびと》からは厳《きび》しい改革《かいかく》への反感《はんかん》も買《か》いました。

*老中《ろうじゅう》＝将軍直属《しょうぐんちょくぞく》の、幕府《ばくふ》で最高《さいこう》の職《しょく》

江戸時代《えどじだい》のキーパーソン 9

吉宗《よしむね》の政治《せいじ》を理想《りそう》に

松平定信《まつだいらさだのぶ》

★生没年《せいぼつねん》 1759〜1829年《ねん》
8代将軍《だいしょうぐん》・徳川吉宗《とくがわよしむね》の孫《まご》で、吉宗《よしむね》の政治《せいじ》を理想《りそう》とした。11代将軍《だいしょうぐん》・徳川家斉《とくがわいえなり》の時代《じだい》に、幕府《ばくふ》の老中《ろうじゅう》を務《つと》めて「寛政《かんせい》の改革《かいかく》」を行《おこな》ったが、家斉《いえなり》と対立《たいりつ》し、約《やく》6年《ねん》で辞任《じにん》した。

東京大学史料編纂所所蔵模写

③水野忠邦《みずのただくに》の「天保《てんぽう》の改革《かいかく》」

1841（天保《てんぽう》12）～1843（天保《てんぽう》14）年《ねん》

19世紀《せいき》に入《はい》ると幕府《ばくふ》の力《ちから》はおとろえます。老中《ろうじゅう》の水《みず》野忠邦《のただくに》は、幕府《ばくふ》の力《ちから》を再《ふた》び強《つよ》くしようと、天保《てんぽう》の改《かい》革《かく》に取《と》り組《く》みます。

ぜいたくを禁止《きんし》し、商人《しょうにん》の力《ちから》を抑《おさ》え、幕府《ばくふ》の収入《しゅうにゅう》を増《ふ》やそうとしましたが、あらゆる方面《ほうめん》の人々《ひとびと》から反《はん》対《たい》を受《う》け、わずか2年《ねん》で失敗《しっぱい》に終《お》わりました。この後《あと》、幕府《ばくふ》の力《ちから》はおとろえていくばかりになります。

もの知《し》りコラム

幕府《ばくふ》の元役人《もとやくにん》が幕府《ばくふ》に反乱《はんらん》！
大塩《おおしお》の乱《らん》

大塩平八郎《おおしおへいはちろう》は大坂町奉行所《おおさかまちぶぎょうしょ》の元役人《もとやくにん》。天保《てんぽう》の*飢饉《ききん》で米不足《こめぶそく》に苦《くる》しむ大坂《おおさか》の人々《ひとびと》のために、奉行所《ぶぎょうしょ》に助《たす》けを求《もと》めました。しかし、聞《き》き入《い》れられず、商人《しょうにん》たちが米《こめ》を買《か》い占《し》めているのを知《し》ると、人々《ひとびと》のために反乱《はんらん》を起《お》こしました。反乱《はんらん》はその日《ひ》のうちに鎮圧《ちんあつ》されましたが、大塩《おおしお》の乱《らん》は幕府《ばくふ》を大《おお》いにあわてさせました。

*飢饉《ききん》＝災害《さいがい》や悪天候《あくてんこう》などによって農作物《のうさくぶつ》がとれず、人々《ひとびと》が飢《う》えに苦《くる》しむこと

江戸時代《えどじだい》のキーパーソン 10

改革《かいかく》に挑《いど》むがうまくいかず

水野忠邦《みずのただくに》

★生没年《せいぼつねん》 1794～1851年《ねん》

12代将軍《だいしょうぐん》・徳川家慶《とくがわいえよし》の時代《じだい》、幕府《ばくふ》の老中《ろうじゅう》を務《つと》めた。「天保《てんぽう》の改革《かいかく》」は、幕府《ばくふ》の内部《ないぶ》からも反対《はんたい》が出《で》るなどしてうまくいかなかった。

首都大学東京図書情報センター蔵

江戸時代《えどじだい》のキーパーソン 11

人々《ひとびと》のために反乱《はんらん》を起《お》こした

大塩平八郎《おおしおへいはちろう》

★生没年《せいぼつねん》 1793～1837年《ねん》

役人《やくにん》をやめた後《あと》も、自宅《じたく》で塾《じゅく》を開《ひら》いて弟子《でし》の教育《きょういく》にあたっていた。1837（天保《てんぽう》8）年《ねん》、弟子《でし》たちとともに反乱《はんらん》を起《お》こしたが失敗《しっぱい》に終《お》わり、自《みずか》ら命《いのち》を絶《た》った。

菊池容斎画　大阪城天守閣蔵

教《おし》えて!! 河合《かわい》先生《せんせい》

ぼくといっしょに、
タイムワープの冒険《ぼうけん》を振《ふ》り返《かえ》ろう。
マンガの裏話《うらばなし》や、時代《じだい》にまつわる
おもしろ話《ばなし》も紹介《しょうかい》するよ!

歴史研究家《れきしけんきゅうか》：河合《かわい》 敦先生《あつしせんせい》

江戸《えど》の町《まち》おまけ話《ばなし》

1

江戸《えど》の町《まち》 ヒトコマ 博物館《はくぶつかん》

「名所江戸百景《めいしょえどひゃっけい》 中川口《なかがわぐち》」歌川広重《うたがわひろしげ》

国立国会図書館HPから

江戸《えど》の町《まち》を流《なが》れる小名木川《おなぎがわ》と中川《なかがわ》の合流《ごうりゅう》地点《ちてん》の様子《ようす》。左下《ひだりした》に描《えが》かれているのが、中川番所《なかがわばんしょ》の木戸《きど》。番所《ばんしょ》の前《まえ》では、江戸《えど》に入《はい》る船《ふね》と出《で》る船《ふね》がすれ違《ちが》おうとしている

江戸《えど》の町《まち》は人《ひと》と物《もの》でいっぱい

河合先生《かわいせんせい》：こんにちは、リン、トキオ。江戸《えど》の町《まち》は楽《たの》しかったかい？

リン：人《ひと》やお店《みせ》がいっぱいで、楽《たの》しい所《ところ》だったわ！

トキオ：ボクは、葛飾北斎《かつしかほくさい》さんと一緒《いっしょ》に絵《え》を描《か》けたことが嬉《うれ》しかったな。

河合先生《かわいせんせい》：江戸《えど》には川《かわ》や水路《すいろ》があっただろう？

江戸《えど》の町《まち》には
川《かわ》や水路《すいろ》が
たくさん
あったんだよ

トキオ：そういえば、大《おお》きな川《かわ》と、そこにつながる水路《すいろ》がいくつもあった！

河合先生《かわいせんせい》：江戸《えど》の町《まち》には、人《ひと》だけじゃなくて、各地《かくち》からたくさんの物《もの》も集《あつ》まっていたんだけど、それらを運《はこ》び込《こ》むために利用《りよう》されていたのが、この川《かわ》や水路《すいろ》なんだ。

江戸《えど》の町《まち》を豊《ゆた》かにした河川《かせん》と船《ふね》の文化《ぶんか》

河合先生《かわいせんせい》：江戸《えど》の町《まち》を流《なが》れる川《かわ》は、すべて江戸湾《えどわん》（東京湾《とうきょうわん》）につながっているんだ。海《うみ》から届《とど》いた物資《ぶっし》を町中《まちなか》に運《はこ》び込《こ》むのに、川《かわ》や水路《すいろ》は便利《べんり》だったんだね。右《みぎ》の絵《え》は、その様子《ようす》を描《えが》いたものだよ。

トキオ：きれいな絵《え》だね。

河合先生《かわいせんせい》：歌川広重《うたがわひろしげ》という、江戸時代《えどじだい》に活躍《かつやく》した有名《ゆうめい》な絵師《えし》が、江戸《えど》の名所《めいしょ》の1つとして描《えが》いたものだよ。後《あと》でほかの絵《え》も見《み》てごらん（↓180ページ）。

リン：それにしても広《ひろ》い川《かわ》ね。

トキオ：ここはどんな名所《めいしょ》なの？

河合先生《かわいせんせい》：中川口《なかがわぐち》という場所《ばしょ》の絵《え》で、中《なか》川番所《がわばんしょ》の前《まえ》を行《い》き交《か》う船《ふね》の様子《ようす》が描《えが》かれているんだ。

トキオ：番所《ばんしょ》って？

河合先生《かわいせんせい》：番所《ばんしょ》は、江戸《えど》に出入《ではい》りする船《ふね》が運《はこ》んできた人《ひと》や物《もの》をチェックする、幕府《ばくふ》の見張《みは》り所《どころ》だよ。江戸《えど》に物《もの》を運《はこ》ぶには、江《え》戸湾《どわん》の外《そと》から入《はい》ってくるルートと、内陸《ないりく》を流《なが》れる川《かわ》を利用《りよう》するルートがあったんだ。番所《ばんしょ》は、それぞれのルートに設《もう》けられていたんだよ。

リン：番所《ばんしょ》って、名所《めいしょ》として描《えが》かれるくらい、大事《だいじ》な場所《ばしょ》だったのね。

江戸《えど》は
将軍様《しょうぐんさま》のおひざ元《もと》だからね
全国《ぜんこく》からいろんな物《もの》が
集《あつ》まってくるの
おいしい食《た》べ物《もの》も
たくさん

2

江戸《えど》の町《まち》
ビックリ報告《ほうこく》

エレキテルの発電《はつでん》の秘密《ひみつ》に迫《せま》る

エレキテルの〝バチッ〟の正体《しょうたい》！

エレキテルは、17、18世紀《せいき》にヨーロッパで流行《りゅうこう》した、人工的《じんこうてき》に静電気《せいでんき》を起《お》こす静電《せいでん》気発生装置《きはっせいそうち》です。

平賀源内《ひらがげんない》は、1770（明和《めいわ》7）年《ねん》、長崎《ながさき》を遊学中《ゆうがくちゅう》に壊《こわ》れたエレキテルと出合《であ》い、江戸《えど》に持《も》ち帰《かえ》って復元《ふくげん》に取《と》り組《く》みました。

静電気《せいでんき》とは、物《もの》と物《もの》がこすれ合《あ》う（摩擦《まさつ》）時《とき》などに発生《はっせい》する電《でん》気現象《きげんしょう》の1つです。

すべての物質《ぶっしつ》は、プラス（＋）とマイナス（－）の電気《でんき》を帯《お》びています。2つの電《でん》気《き》は、通常《つうじょう》は物質内《ぶっしつない》に同《おな》じ量《りょう》あって、バランスの取《と》れた状態《じょうたい》を保《たも》っています。けれども、物質同士《ぶっしつどうし》がこすれ合《あ》うなどすると、バランスが崩《くず》れて、それぞれ＋と－の電気《でんき》に偏《かたよ》って集《あつ》まると考《かんが》えられています。

この偏《かたよ》った状態《じょうたい》で、ほかの物質《ぶっしつ》に触《ふ》れると、触《ふ》れた部分《ぶぶん》で＋と－の電気《でんき》が反応《はんのう》し、静《せい》電気《でんき》が〝バチッ〟と発光《はっこう》して放電《ほうでん》されるのです。

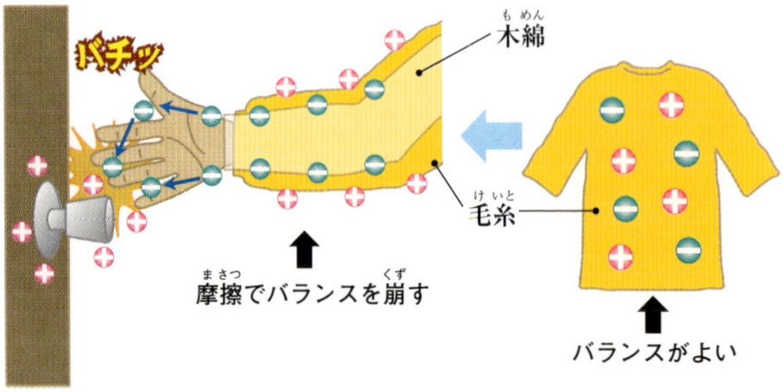

▲毛糸《けいと》のセーターには、通常《つうじょう》は＋と－の電気《でんき》がバランスよく保《たも》たれています。でも、木綿《もめん》のシャツと重《かさ》ね着《ぎ》すると、毛糸《けいと》と木綿《もめん》の摩擦《まさつ》によって、毛糸《けいと》には＋の電気《でんき》が、木綿《もめん》のシャツを着《き》た人間《にんげん》には－の電気《でんき》が偏《かたよ》って集《あつ》まります。この時《とき》、－の電気《でんき》を帯《お》びた人間《にんげん》が＋の電気《でんき》が集《あつ》まった物質《ぶっしつ》（ドアノブ）に触《ふ》れると、静電気《せいでんき》が発光《はっこう》し、放電《ほうでん》されます。

エレキテルはこんなしくみだ！

左《ひだり》の図《ず》は、源内《げんない》が復元《ふくげん》したエレキテルの内部《ないぶ》を、横《よこ》から見《み》た図《ず》です。彼《かれ》のエレキテルは、こんなしくみで静電気《せいでんき》を起《お》こしていました。

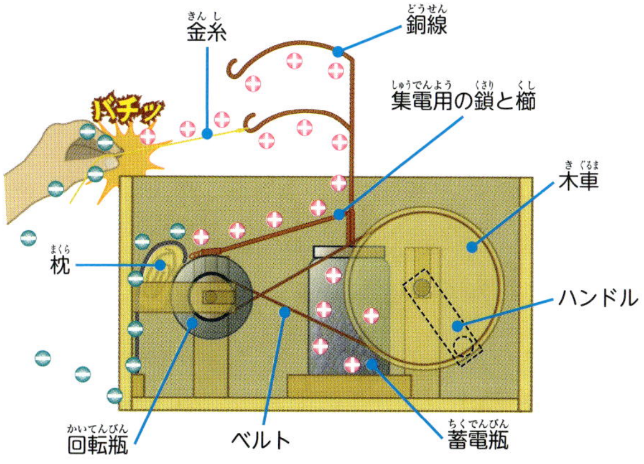

▲エレキテルの内部《ないぶ》を横《よこ》から見《み》た図《ず》

①ハンドルを回《まわ》して木車《きぐるま》を回転《かいてん》させ、木《き》車《ぐるま》と回転瓶《かいてんびん》をつなぐベルトを動《うご》かして回転《かいてん》瓶《びん》を回転《かいてん》させます。

②回転瓶《かいてんびん》と接《せっ》する枕《まくら》との間《あいだ》に摩擦《まさつ》が生《う》まれ、静電気《せいでんき》の＋の電気《でんき》が、集電用《しゅうでんよう》の鎖《くさり》と櫛《くし》を伝《つた》わって蓄電瓶《ちくでんびん》に貯蔵《ちょぞう》されます。一方《いっぽう》、－の電気《でんき》は、枕《まくら》を支《ささ》える鉄板《てっぱん》を伝《つた》って、木《き》箱《ばこ》から地面《じめん》へと逃《に》がされます。

③地面《じめん》に接《せっ》して－の電気《でんき》を帯《お》びた人間《にんげん》が、＋の電気《でんき》が集《あつ》まる銅線《どうせん》（またはそこにつながれた金糸《きんし》）に触《ふ》れると、人間《にんげん》を伝《つた》う－の電気《でんき》と＋の電気《でんき》が反応《はんのう》し、静電気《せいでんき》が発光《はっこう》して一気《いっき》に放電《ほうでん》されます。

エレキテルで大《だい》スターになった源内《げんない》

エレキテルは、18世紀《せいき》半《なか》ばに医療器具《いりょうきぐ》として日本《にほん》に伝《つた》えられました。長崎《ながさき》でエレキテルを手《て》に入《い》れ、江戸《えど》に持《も》ち帰《かえ》った源内《げんない》は、難解《なんかい》な機械《きかい》のしくみと格《かく》闘《とう》します。76（安永《あんえい》5）年《ねん》、源内《げんない》はついにエレキテルの復元《ふくげん》に成功《せいこう》し、日本《にほん》で初《はじ》めて人工的《じんこうてき》に静電気《せいでんき》を起《お》こすという、歴史《れきし》に残《のこ》る偉業《いぎょう》を達成《たっせい》しました。

エレキテルは、医療器具《いりょうきぐ》のほか、静電気《せいでんき》を見《み》ることができる見世物《みせもの》としても大人気《だいにんき》となりました。このおかげで、源内《げんない》は一躍《いちやく》江戸《えど》の大《だい》スターになりました。

源内《げんない》は、亡《な》くなるまでに、復元品《ふくげんひん》以外《いがい》に15台《だい》のエレキテルを製作《せいさく》しています。でも、エレキテルを復元《ふくげん》した当時《とうじ》の源内《げんない》は、電気《でんき》の性質《せいしつ》を正確《せいかく》に理解《りかい》できてはいなかったようです。彼《かれ》がエレキテルを復元《ふくげん》できたのは、たまたま〝カン〟で成功《せいこう》しただけなのではないかと考《かんが》えられています。

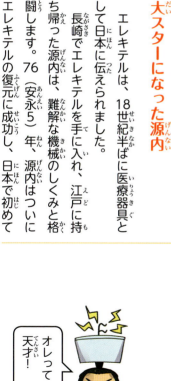

3

江戸《えど》の町《まち》ニンゲンファイル

世界《せかい》の芸術家《げいじゅつか》を魅了《みりょう》した天才絵師《てんさいえし》 葛飾北斎《かつしかほくさい》

欧米《おうべい》でも大評判《だいひょうばん》

葛飾北斎《かつしかほくさい》は、風景《ふうけい》や人物《じんぶつ》など、いろいろなテーマを手《て》がけた絵師《えし》です。19歳《さい》で本格的《ほんかくてき》に絵師《えし》を目指《めざ》すと、さまざまな師《し》の教《おし》えを受《う》けながら腕《うで》を磨《みが》き、「富嶽三十六景《ふがくさんじゅうろっけい》」などのすばらしい作品《さくひん》を残《のこ》しました。

北斎《ほくさい》の絵《え》は、当時《とうじ》のヨーロッパでも紹介《しょうかい》され、画家《がか》のゴッホやドガなど多《おお》くの芸術家《げいじゅつか》に影響《えいきょう》を与《あた》えました。1998（平成《へいせい》10）年《ねん》には、アメリカの有名《ゆうめい》な雑誌《ざっし》「ライフ」の〈この千年《せんねん》で最《もっと》も偉大《いだい》な業績《ぎょうせき》を残《のこ》した100人《にん》〉に、日本人《にほんじん》で唯一《ゆいいつ》選《えら》ばれています。

▼「富嶽三十六景《ふがくさんじゅうろっけい》 従千住花街眺望ノ不二《せんじゅかがいよりちょうぼうのふじ》」葛飾北斎《かつしかほくさい》
国立国会図書館HPから

葛飾北斎《かつしかほくさい》（1760～1849年《ねん》）
江戸時代《えどじだい》を代表《だいひょう》する絵師《えし》。本名《ほんみょう》は不明《ふめい》。30以上《いじょう》の画号《がごう》（ペンネーム）を持《も》つ。葛飾北斎《かつしかほくさい》もその1つ。片付《かたづ》けができない性格《せいかく》だったそうで、家《いえ》の中《なか》にゴミを放置《ほうち》し、その結果《けっか》、生活《せいかつ》に困《こま》ると転居《てんきょ》を繰《く》り返《かえ》し、生涯《しょうがい》で93回《かい》も引《ひ》っ越《こ》しをしている。

いい風景《ふうけい》
だねえ

歌川広重《うたがわひろしげ》（1797～1858年《ねん》）

本名《ほんみょう》は安藤重右衛門《あんどうじゅうえもん》。大胆《だいたん》な構図《こうず》と色鮮《いろあざ》やかな風景画《ふうけいが》で大《だい》ブレークした、江戸時代《えどじだい》の人気浮世絵師《にんきうきよえし》。彼《かれ》の絵《え》に魅了《みりょう》されたオランダの画家《がか》・ゴッホは、代表作《だいひょうさく》のひとつ「タンギー爺《じい》さん」の背景《はいけい》に、広重《ひろしげ》の「五十三次名所図会《ごじゅうさんつぎめいしょずえ》 四十五《よんじゅうご》 石薬師《いしやくし》」を描《か》き込《こ》んでいる。

▼「東海道五拾三次《とうかいどうごじゅうさんつぎ》 蒲原《かんばら》・夜之雪《よるのゆき》」歌川広重《うたがわひろしげ》

国立国会図書館HPから

ボクもいい絵《え》が
描《か》けるよう
頑張《がんば》るぞ

日本《にほん》が誇《ほこ》る風景画《ふうけいが》の第一人者《だいいちにんしゃ》

歌川広重《うたがわひろしげ》

風景画《ふうけいが》で一躍人気絵師《いちやくにんきえし》に

歌川広重《うたがわひろしげ》は、江戸《えど》の常火消《じょうびけし》（幕府《ばくふ》の消防隊《しょうぼうたい》）だった父《ちち》の後《あと》を継《つ》いだあと、15歳《さい》で人気絵師《にんきえし》に弟子入《でしい》りし、常火消《じょうびけし》をしながら絵《え》を描《か》いていました。

当初《とうしょ》は、主《おも》に美人絵《びじんえ》や役者絵《やくしゃえ》などの浮世絵《うきよえ》を描《か》いていましたが、あまり評価《ひょうか》されませんでした。そんな時《とき》、広重《ひろしげ》は北斎《ほくさい》の描《か》いた風景画《ふうけいが》「富嶽三十六景《ふがくさんじゅうろっけい》」に出合《であ》って衝撃《しょうげき》を受《う》け、風景画《ふうけいが》シリーズ「東海道五十三次《とうかいどうごじゅうさんつぎ》」を制作《せいさく》。この作品《さくひん》の大《だい》ヒットによって風景画家《ふうけいがか》の第一人者《だいいちにんしゃ》として、その地位《ちい》を確立《かくりつ》しました。

4 江戸《えど》の町《まち》 ウンチクこぼれ話《ばなし》

【くだらないもの】

江戸《えど》の町《まち》には、京《きょう》や大坂《おおさか》などの上方《かみがた》からさまざまな物《もの》が運《はこ》び込《こ》まれ、これらは「下《くだ》り物《もの》」と呼《よ》ばれていました。江戸《えど》に運《はこ》ばれる下《くだ》り物《もの》は、上等《じょうとう》な品《しな》ばかりで、傷物《きずもの》や粗悪品《そあくひん》は運《はこ》ばれませんでした。このことから、価値《かち》のないもののことを「くだらない」というようになったという説《せつ》があります。

江戸時代《えどじだい》は京《きょう》に皇居《こうきょ》があったから敬意《けいい》を表《ひょう》しこの地域《ちいき》を「上方《かみがた》」って呼《よ》ぶようになったんだ

【江戸《えど》の魚市場《うおいちば》は徳川家康《とくがわいえやす》のためにつくられた?】

江戸《えど》の町《まち》で一番大《いちばんおお》きな魚市場《うおいちば》は、日本橋《にほんばし》のたもとにありました。徳川家康《とくがわいえやす》は、関東《かんとう》に移《うつ》ってきた時《とき》、毎日新鮮《まいにちしんせん》な魚介類《ぎょかいるい》が食《た》べられるよう、親《した》しい漁師《りょうし》30人《にん》を一緒《いっしょ》に移住《いじゅう》させました。やがて漁師《りょうし》の子孫《しそん》は、将軍《しょうぐん》に提供《ていきょう》する魚《さかな》の余《あま》りを日本橋《にほんばし》で売《う》るようになりました。これが、日本橋魚市場《にほんばしうおいちば》の始《はじ》まりだったそうです。

日本橋《にほんばし》にあった魚市場《うおいちば》は、昭和《しょうわ》の初《はじ》め頃《ごろ》まで活用《かつよう》され、1935（昭和《しょうわ》10）年《ねん》に築《つき》地《じ》に移《うつ》されました。

▲「東都名所《とうとめいしょ》 日本橋真景并ニ魚市全図《にほんばししんけいならびうおいちぜんず》」（部分《ぶぶん》）一立斎《いちりゅうさい》（歌川《うたがわ》）広重《ひろしげ》
江戸時代《えどじだい》の日本橋魚市場《にほんばしうおいちば》の様子《ようす》が描《えが》かれている
国立国会図書館HPから

【天下《てんか》の台所《だいどころ》】

江戸時代《えどじだい》、各藩《かくはん》から税金《ぜいきん》として納《おさ》められていた大量《たいりょう》の米《こめ》は、一度大坂《いちどおおさか》に集《あつ》められ、大坂《おおさか》の米市場《こめいちば》で米問屋《こめどんや》などに購入《こうにゅう》された後《あと》、全国各地《ぜんこくかくち》に送《おく》られていました。このことから、大坂《おおさか》が「天下《てんか》の台所《だいどころ》」といわれるようになりました。

【盗《ぬす》まれかけた日本地図《にほんちず》シーボルト事件《じけん》】

1826（文政《ぶんせい》9）年《ねん》、長崎県《ながさきけん》の出島《でじま》にいたドイツ人医師《じんいし》のシーボルトは、江戸城内《えどじょうない》にある幕府《ばくふ》の書庫《しょこ》に入《はい》ることに成功《せいこう》します。そして、書庫《しょこ》の管理者《かんりしゃ》に頼《たの》んで、日本地図《にほんちず》「大日本沿海輿地全図《だいにほんえんかいよちぜんず》」をはじめ、国外《こくがい》への持《も》ち出《だ》しが禁《きん》じられていたいくつかの品々《しなじな》の写《うつ》しを入手《にゅうしゅ》することに成功《せいこう》します。じつはシーボルトは、オランダ政府《せいふ》に雇《やと》われたスパイだったのです。

シーボルトの帰国直前《きこくちょくぜん》、このことに気《き》づいた幕府《ばくふ》は地図《ちず》を奪《うば》い返《かえ》し、国外《こくがい》への持《も》ち出《だ》しを未然《みぜん》に防《ふせ》ぎました。この時《とき》、書庫《しょこ》の管理者《かんりしゃ》は投獄《とうごく》され、シーボルトは国外追放《こくがいついほう》となりました。

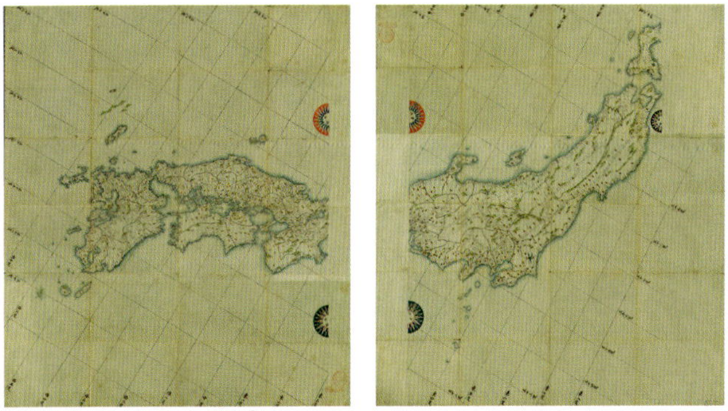

▲「カナ書《が》き伊能特別小図《いのうとくべつしょうず》」
シーボルトが国外《こくがい》へ持《も》ち出《だ》そうとした３枚《まい》の地図《ちず》。当時《とうじ》の＊蝦夷地《えぞち》（右上《みぎうえ》）、東日本《ひがしにほん》（右下《みぎした》）、西日本《にしにほん》（左下《ひだりした》）が描《えが》かれている
＊蝦夷地《えぞち》＝現在《げんざい》の北海道《ほっかいどう》など
国立国会図書館HPから

ひと儲《もう》け
できそうな
お宝《たから》だな！

【指切《ゆびき》りげんまんの続《つづ》き】

江戸時代《えどじだい》にも
「指切《ゆびき》りげんまん」が
あったのね！

友達《ともだち》と約束《やくそく》をする時《とき》、小指《こゆび》と小指《こゆび》を絡《から》ませて「指切《ゆびき》りげんまん、ウソついたら針千本《はりせんぼん》飲《の》～ます！」と唱《とな》える風習《ふうしゅう》がありますよね。江戸時代《えどじだい》には、この後《あと》に「死《し》んだらごめん（死《し》んだら守《まも》れません。ごめんなさい）」という言葉《ことば》を付《つ》け加《くわ》えていたそうです。

江戸《えど》っ子《こ》たちは、「死《し》なない限《かぎ》りこの約束《やくそく》を守《まも》ります」と、決死《けっし》の覚悟《かくご》で指切《ゆびき》りげんまんをしていたようです。

江戸《えど》の町《まち》の話《はなし》は
これでおしまい！
別《べつ》の時代《じだい》で、
また会《あ》おうね！

江戸時代年表《えどじだいねんぴょう》

江戸時代《えどじだい》	
１６０３年《ねん》	徳川家康《とくがわいえやす》が征夷大将軍《せいいたいしょうぐん》になり、江戸《えど》に幕府《ばくふ》を開《ひら》く
	出雲阿国《いずものおくに》が北野天満宮《きたのてんまんぐう》（京都府《きょうとふ》）でかぶき踊《おど》り（歌舞伎《かぶき》のルーツ）を踊《おど》って大評判《だいひょうばん》となる
１６１４年《ねん》	大坂冬《おおさかふゆ》の陣《じん》（家康《いえやす》が大坂城《おおさかじょう》の豊臣氏《とよとみし》を攻《せ》める）
１６１５年《ねん》	大坂夏《おおさかなつ》の陣《じん》（家康《いえやす》が豊臣氏《とよとみし》を滅《ほろ》ぼす）
１６３７年《ねん》	島原《しまばら》・天草一揆《あまくさいっき》（島原《しまばら》の乱《らん》）が起《お》きる（～１６３８年《ねん》）
１６５７年《ねん》	明暦《めいれき》の大火《たいか》（江戸時代最大《えどじだいさいだい》の火事《かじ》で、江戸城《えどじょう》の天守《てんしゅ》も焼《や》け落《お》ちる）
１６８９年《ねん》	松尾芭蕉《まつおばしょう》が『おくのほそ道《みち》』の旅《たび》に出《で》る
１７０９年《ねん》	新井白石《あらいはくせき》が政治改革《せいじかいかく》（正徳《しょうとく》の治《ち》）を始《はじ》める（～１７１６年《ねん》）
１７１６年《ねん》	８代将軍《だいしょうぐん》・徳川吉宗《とくがわよしむね》が享保《きょうほう》の改革《かいかく》を始《はじ》める（～１７４５年《ねん》）
１７７４年《ねん》	杉田玄白《すぎたげんぱく》が仲間《なかま》と『解体新書《かいたいしんしょ》』を出版《しゅっぱん》する
１７７６年《ねん》	平賀源内《ひらがげんない》がエレキテルの復元《ふくげん》に成功《せいこう》する

1787年《ねん》	松平定信《まつだいらさだのぶ》が寛政《かんせい》の改革《かいかく》を始《はじ》める（〜1793年《ねん》）
1798年《ねん》	本居宣長《もとおりのりなが》が『古事記《こじき》』の注釈書《ちゅうしゃくしょ》『古事記伝《こじきでん》』を完成《かんせい》させる
1825年《ねん》	歌舞伎《かぶき》の「東海道四谷怪談《とうかいどうよつやかいだん》」が初《はじ》めて演《えん》じられる
1831年《ねん》	この頃《ころ》、葛飾北斎《かつしかほくさい》の「富嶽三十六景《ふがくさんじゅうろっけい》」の出版《しゅっぱん》が始《はじ》まる
1833年《ねん》	天保《てんぽう》の飢饉《ききん》が起《お》きる（〜1839年《ねん》）
1837年《ねん》	幕府《ばくふ》の元役人《もとやくにん》・大塩平八郎《おおしおへいはちろう》が大坂《おおさか》で反乱《はんらん》を起《お》こす（大塩《おおしお》の乱《らん》）
1841年《ねん》	水野忠邦《みずのただくに》が天保《てんぽう》の改革《かいかく》を始《はじ》める（〜1843年《ねん》）
1853年《ねん》	アメリカの使節《しせつ》・ペリーが黒船《くろふね》に乗《の》って日本《にほん》にやってくる
1854年《ねん》	日米和親条約《にちべいわしんじょうやく》が結《むす》ばれる
1866年《ねん》	薩長連合《さっちょうれんごう》（同盟《どうめい》）が成立《せいりつ》する
1867年《ねん》	大政奉還《たいせいほうかん》（15代将軍《だいしょうぐん》・徳川慶喜《とくがわよしのぶ》が朝廷《ちょうてい》に政権《せいけん》の返上《へんじょう》を表明《ひょうめい》する）
	王政復古《おうせいふっこ》の大号令《だいごうれい》（天皇《てんのう》の政治《せいじ》に戻《もど》すことが宣言《せんげん》される）

監修	河合敦
編集デスク	大宮耕一、橋田真琴
編集スタッフ	泉ひろえ、河西久実、庄野勢津子、十枝慶二、中原崇
シナリオ	中原崇
作画協力	黒衣ちゃん、市川智茂
コラムイラスト	相馬哲也、トリル、横山みゆき、イセケヌ
コラム図版	平凡社地図出版、エスプランニング
参考文献	『早わかり日本史』河合敦著 日本実業社／『詳説 日本史研究 改訂版』佐藤信・五味文彦・高埜利彦・鳥海靖編 山川出版社／『21世紀こども百科歴史館』小学館／『Jr日本の歴史⑤ 天下泰平のしくみ』大石学著 小学館／『ニューワイドずかん百科 ビジュアル日本の歴史』学研／『日本人はどのように建築物をつくってきたか4 江戸の町（上）巨大都市の誕生』内藤昌著 イラストレーション穂積和夫 草思社／『決定版 図解 江戸の暮らし事典』河合敦監修 学研パブリッシング／『模型でみる江戸・東京の世界』江戸東京博物館／『北斎クローズアップⅢ 江戸の美人と市井の営み』永田生慈監修・著 東京美術／「別冊太陽 浮世絵図鑑 江戸文化の万華鏡」平凡社／「別冊太陽 写楽」平凡社／「週刊マンガ日本史 改訂版」46、56～60、64号 朝日新聞出版／「週刊マンガ世界の偉人」57、69号 朝日新聞出版／「週刊なぞとき」2、19号 朝日新聞出版

※本シリーズのマンガは、史実をもとに脚色を加えて構成しています。

江戸の町へタイムワープ

2018年3月30日　第1刷発行
2019年7月30日　第4刷発行

著　者　　マンガ：大富寺航／ストーリー：チーム・ガリレオ
発行者　　橋田真琴
発行所　　朝日新聞出版
　　　　　〒104-8011
　　　　　東京都中央区築地5-3-2
　　　　　編集　生活・文化編集部
　　　　　電話　03-5540-7015（編集）
　　　　　　　　03-5540-7793（販売）

印刷所　　株式会社リーブルテック
ISBN978-4-02-331670-6
本書は2016年刊『江戸の町のサバイバル』を増補改訂し、改題したものです。

落丁・乱丁の場合は弊社業務部（03-5540-7800）へ
ご連絡ください。送料弊社負担にてお取り替えいたします。

©2018 Wataru Ofuji, Asahi Shimbun Publications Inc.
Published in Japan by Asahi Shimbun Publications Inc.